JN166877

小さな藩の奇跡

伊予小松藩会所日記を読む

増川宏一
北村六合光＝原典解読

角川文庫
10087

小さな藩の奇跡　伊予小松藩会所日記を読む

目次

第二部 領民の暮らし 117

はじめに

戦後七一年、平和が続いた。

さらに長く続くようにと人々は集い、唱和し、行進した。

それは大都会の話だ、と冷やかに言う人達もいる。

しかし七〇年余も平和が続いたのは事実である。だが、七一年どころか、その三倍以上も長く平和が続いた時代があった。江戸《えど》時代である。

今とはかなり違う時代であった。北海道を除いて六八の国に分れていた。国の名前は現在も相模《さがみ》鉄道や摂津本山《せっつもとやま》、薩摩焼酎《さつまじょうちゅう》などの駅の名前や名産品の名前に使われている。

もう一つの違いは、国と重なる場合や国を分割して大名領などがあり、藩と称《よ》ばれていた。実質上の国で幕末の慶応《けいおう》元年（一八六五）には二六六藩あった。大きい藩は加賀《かが》百万石と言われるように、五〇万石以上の藩が六藩あった。全体の約三割は小さな藩であった。

これは小さな藩の記録である。

城も無い、正式な武士は僅《わず》か数十人、藩内の人口は一万人余、面積も人口も現在の村か町と同じ規模の藩である。

このような小藩の状況が広く知られることは稀《まれ》であろう。

しかし、小さい藩をとおして、江戸時代のしくみや人々の暮らしを知ることができる。

本書は、愛媛県の小松町《こまつ》（現西条《さいじょう》市）に保存されている古い記録にもとづいて、当時の人々の生き様《ざま》を伝えるものである。テレビや映画によっておおよそ知っている江戸時代を、より深く、より正確にわかろうとする試みでもある。

記述は、大きく分けて二つの部分からなりたっている。

前半は、一万石という小さな大名がつくられたいきさつと、現代の小企業、零細企業にも通じる苦しい台所事情である。

数字上の説明はなるべく避けて、農民や商人から藩が借金の返済をせまられて困っている事例を挙げた。参勤交代の費用が、どれほど重い負担であるかも示したかった。不況時の武士の減俸もあまり知られていない事実であろう。

小松藩はすでに、明治維新の前から財政は破綻《はたん》寸前であった。藩内の豪商や大庄屋――といっても、さほど大きいものではないが――に支えられ、かろうじて存続していた。

武器や装備の充実にまで手がまわらず、幕末の異国船打払いの時ですら、貧弱で老朽化した武器しか持ち合わせていなかった。それでも明治維新の際の戊辰《ぼしん》戦争には、四二人の武士と足軽、九人の雑役夫の合計五一人が従軍し、一名の戦死者をだしている。

後半部は領民の生活にふれた部分である。

社会制度の異なる時代ではあるが、現代と似かよった行為も少なくない。例えば、勤務が終わった下級武士が、居酒屋で泥酔して喧嘩《けんか》をしたり、不義密通や駆け落ち、賭博《とばく》好き、伊勢《いせ》参りや金比羅《こんぴら》参りなどの旅行好きは、今日の庶民と変わらぬことを示している。

領内で活動する村の目明《めあか》しの記述をとおして、盗難事件や隣接する藩との犯罪捜査の交渉も具体的に述べることができた。

他方、何が「不埒《ふらち》」で処罰されるのか理解しがたい部分もあるが、江戸時代ならではのことであろう。

意外性にみちた多くの事実は、江戸期に生きた人々を身近に感じさせる。

明治維新の後、文明開化が国の大方針となり、欧米に追いつき追いこせという政策がすすめられた。そのため、ことさらに江戸時代は古い制度であり、その下で培われたすべての事柄は、遅れた変えねばならぬもの、と明治政府は強調した。

このような考えは、現代にいたるまでも長く人々の意識にうえつけられてきた。

近年になって、江戸時代の見なおしが盛んになってきた。工芸や技術、高い教育水準、演劇や絵画のすぐれた芸術性など多岐にわたっている。それならば、これらを産みだし支えてきた江戸期の人々の暮らしや知恵を、もう一度見つめなおす必要があろう。

幸いにして、難解な古文書を北村六合光《きたむらくにてる》氏の御努力によって解読していただき、豊富な情報を得ることができた。

江戸時代についての或《あ》る種の先入観や常識を、本書によって少しでも変えることができれば幸いである。

江戸時代の事柄を原文通り紹介するのは難しい。あまりにも馴染《なじ》みのない表現や言いまわしが多いからである。また、江戸期特有の、句読点がなく、主語の不明な文章であり、前に述べたことを繰返して記す表現も少なくなかった。

すべてを現代風の読みかたや表現に変えねばならなかった。用語の説明などもできるだけわかりやすくしたが、記述の一切の責任は筆者にあることを、あらかじめお断りしておきたい。

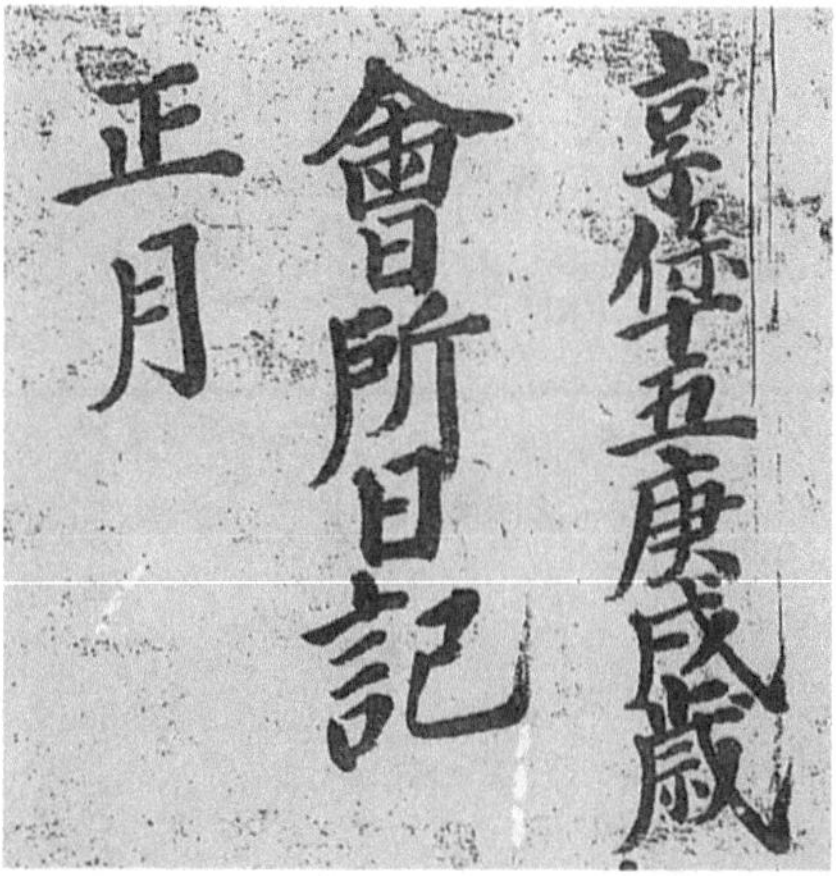

享保十五庚戌歳

會所日記

正月

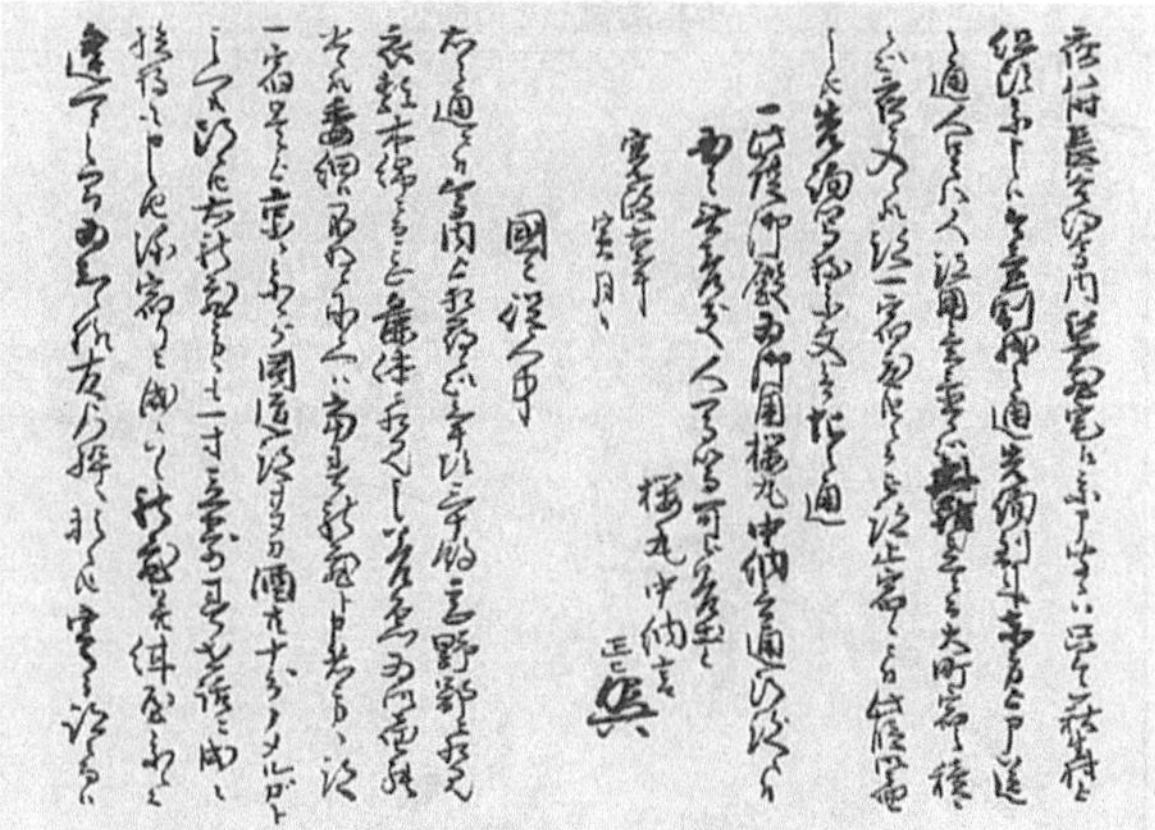

『小松藩会所日記』西条市指定文化財

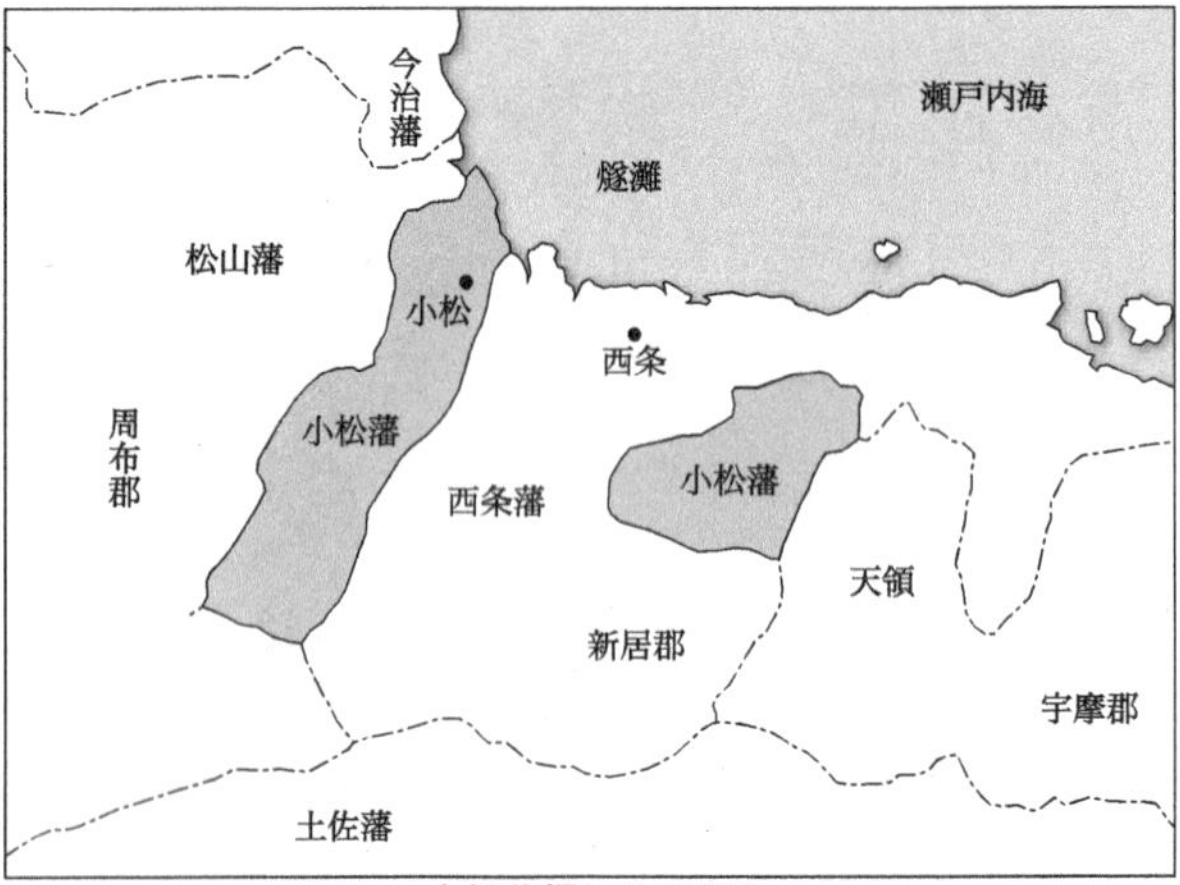

小松藩領とその周辺

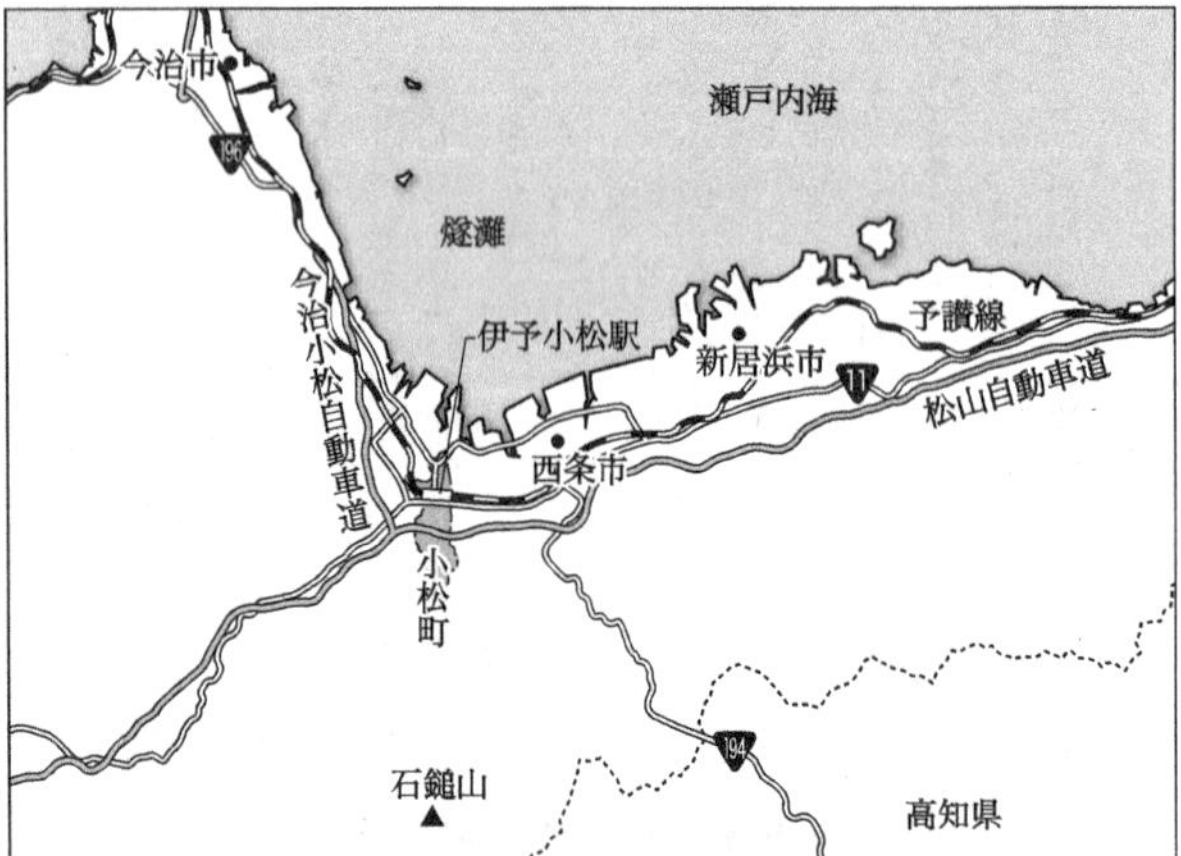

現在の小松町とその周辺

第一部　武士の暮らし

小松藩のなりたち

今から四一五年ほど前、関ヶ原《せきがはら》で天下わけ目の戦いがあった。徳川《とくがわ》方についた東軍と石田《いしだ》方についた西軍は、この日を境に運命がわかれた。西軍側についた大名の大半は、領地を没収された。

関ヶ原の合戦後に、あらたに徳川方に従った大名は外様大名《とざまだいみょう》とよばれて、好遇されなかった。それればかりか、ことあるごとに些細《ささい》な理由で領地没収の改易《かいえき》や減地となった。とりわけ江戸時代の初期には、頻繁に移封や改易がおこなわれた。

かつては徳川家康《いえやす》と姻戚《いんせき》関係にあった蒲生家《がもうけ》も、外様大名の一つであった。もとは会津《あいづ》若松《わかまつ》の地を支配していたが、蒲生忠知《がもうただとも》の時代に「不都合《ふつごう》」があって四国の伊予《いよ》松山《まつやま》（現愛媛県松山市）に転封された。松山藩である。

忠知は禄《ろく》高を減らされたとはいえ、それでも二四万石の大名であったが、寛永《かんえい》九年（一六三二）に派閥争いのお家騒動がおこり、幕府の知るところとなった。騒動は幕府からの判決でおさまったが、統治能力を疑われたのであろう。この二年後に忠知が亡くなると、後を継ぐ子供がいなかったので蒲生家は断絶となった。二四万石は幕府に没収された。

領主のいなくなった松山藩の後に、領地を換えられて移住させられたのが、一柳《ひとつやなぎ》直盛《なおもり》である。一柳家は現代に続いている名門で、この苗字《みょうじ》を御存知の方も多いが、ここではふれないでおく。

一柳家について旧小野《おの》藩（現兵庫県小野市を主とした領地。以下同）に長文の「先祖《せんぞ》書《がき》」が残されているが、これは後世につくられたもので一柳家の出生は不明である。

「先祖書」を参考までに記すと次のようなものである。

一柳《ひとつやなぎ》市助《いちすけ》（または市介）直末《なおすえ》の父は、濃州（現岐阜県）岐阜の町の裏手になる西野という所に住んでいた。一柳又右衛門直高《なおたか》と名乗る百姓だという。この頃は濃州一帯にがんどう（強盗）がはびこっていた。当時の国主よりがんどうを鎮圧するために四人の者が組頭に任ぜられた。すなわち、堀、谷、加藤、一柳の四名である。一柳の役料として西野を国主からいただいた。西野は十石余の収穫のある畠だった。一柳は配下の目明《めあか》しなどを召し連れて闘い、がんどう共を鎮圧した。

その後は国主が他の地に出陣した時は留守を護り、敵を迎え討つ時には軍役を勤めた。天正八年に又右衛門直高は病没した。

市助（直末の呼び名）は天正八年に岐阜より姫路に移り、織田信長《おだのぶなが》から播州を任された木下藤吉郎（後の豊臣秀吉《とよとみひでよし》）に仕えた。直末は北条攻めの時に戦死し、直盛が跡を継いだ。

このように書かれている。

武将や大名の先祖書《せんぞがき》には珍しく、先祖は百姓だったと記している。郷士のようなものだったのだろう。しかし、国主の名前は書かれていなくて、誰から西野の土地を与えられたのかも不明である。天正八年（一五八〇）頃に「目明し」という表現は他の文献には見あたらない。この先祖書は信頼できない部分が多いが、小野藩に伝わっている文書である。

たしかなことは他の資料からも裏付けられるが、豊臣秀吉の武将として活躍し、関ヶ原の合戦では東軍についたことである。徳川方として大坂《おおさか》城攻めにも参加したので、これらの功績により加増され、一柳直盛は伊予の西条（現愛媛県西条市）に六万八六〇〇石が与えられた。

直盛は江戸を出発して新しい領地に向かった。八月のことである。夏の暑い日々が続いたので、途中で病気になった。本人はさぞ心残りであったのだろうが、任地近くの大坂まで来たところで亡くなった。七二歳であった。

直盛には三人の息子がいた。

幕府は直盛に与えた禄高を三分割した。伊予西条の三万石を長子の直重《なおしげ》に与えて西条藩とし、その北の川之江《かわのえ》地域を播州《ばんしゅう》（現兵庫県）の小野地域の一万石の土地とあわせて二万八六〇〇石を次男の直家《なおいえ》に与えて、川之江藩とした。西条藩の西、伊予地方全体からみればほぼ中央部にあたる一万石を三男の直頼《なおより》に与えた。直頼の領地は合計して一万石にするためか東西の二ヵ所になり、東の分地は西条藩のなかの地域の新居《にい》郡（現西条市）にあった。

これから述べる四国の伊予地方を領地とした一柳直頼の小松藩はこのような経過で誕生した。寛永一三年のことである。実際に領地となった瀬戸内海《せとないかい》沿いの北条《ほうじょう》村（現西条市北条）に上陸したのは翌年のことである。直頼の住居はその次の年に完成したが、この付近は低い松が群生していたので、小松藩とよぶことになった。

三人の兄弟が東西に隣接した地域を支配し、互いに協力し助け合って、一族が繁栄するかにみえた。だが、けっして順調ではなかった。どういうわけか、幕府は外様大名なみの評価をして、一柳家の失点を探していた。

次男の直家が死んだ時に、直系の世継ぎがなかったため、伊予の領地は幕府に没収され、播州小野の一万石のみとなった。続いて寛文《かんぶん》五年（一六六五）に、西条藩三代目の藩主直《なお》興《おき》は、「不届《ふとどき》のかどあり」として改易になり、幕府に領地を没収された。

結局、一柳家で四国の伊予に残ったのは、一柳直頼を初代の藩主とする小松藩だけであった。

小松藩の概略

かつて長兄の支配していた西条藩の後に転封されてきたのは、紀伊《きい》徳川家の系統の親藩《しんぱん》とよばれている松平《まつだいら》家の三万石であった。

ちなみに位置関係を示すと、東の西条藩に囲まれた小松藩の分地は、その東は幕府の直轄領の別子《べっし》銅山である。小松藩の本拠地である西の分地は、その西の久松《ひさまつ》系の松平家が支配する一五万石の松山藩と接している。北西にある今治《いまばり》の町をふくむ今治藩（現今治市）は、松山藩の支藩である。つまり、外様大名視されている一柳家は周囲をすべて親藩と天領に囲まれていて、つねに監視されている状態にあった。

後に述べるように、小松藩が極端なまでに隣藩を警戒し、藩外の評判を気にしていたのは、このような地理的環境からきている。長兄、次兄の藩が幕府に没収された経過をつぶさに見てきているので、もしちょっとした失政があれば、いつ自藩が改易になるかもしれないという恐怖感をいだいていたからである。

小松藩はこのような慎重な態度が代々受け継がれたので、小さい藩ながらも明治維新まで、同一地域に二三〇年間、すなわち、ほぼ江戸時代の全期間といえるほど長い期間にわたって、存続できたのである。

さて、小松藩という一万石の大名を説明すると、一万石以下は大名として扱われないので、最低の級の大名である。よく知られているように、前田《まえだ》家の加賀藩は一〇二万三〇〇〇石、伊達《だて》家の仙台《せんだい》藩は六二万五〇〇〇石、尾張《おわり》徳川家の尾張藩は六二万石などであり、小松藩は一〇万石以上の大名とは比べものにならないほどの狭い領地と少ない数の領民であった。

小松藩内には町といえる規模の人口の密集地はなく、周布《すふ》郡一一ヵ村及び新居郡四ヵ村の合計一五ヵ村で、ほかに藩が「町」と名前をつけた地域が一つだけある。領民の総数は一万人を少し超える程度で当初から明治維新までとくにきわだった増減はなかった。

一万石の大名なので城はない。木造平屋建の陣屋《じんや》——広い庭園があるので敷地は六三〇〇坪であるが——が藩主の居宅で、家臣や領民はこれを御館《おやかた》または御殿《ごてん》とよんでいた。陣屋を中心に屋敷がつくられ、三つの寺もこの区域に置かれた。

藩士の家族や下男達の毎日の食糧や日用品、消耗品などを調達するための商人の家も必要であった。

それで武家屋敷の区域のそばに、街道に沿って商人の家々が建てられることになった。地形のためか道の片側一列に並んで——もっとも軒を接してというほどでなく、まばらなものであったが——商人達が住むようになった。蕎麦《そば》屋、居酒屋、宿屋、風呂《ふろ》屋などで、寺が近いためか葬具屋もあった。

商人の家々は東西に約二キロ続いていた。藩が「町」と称している小松藩内唯一の繁華街である。片側の商店街であったが、最大のメイン・ストリートである。藩の公式文書や記録は、この地域をすべて「町」と記しているが、城下町を想像するのは間違いである。

商人の「町」は家数二〇七軒、総人口は九〇八人（天保《てんぽう》九年・一八三八調）で、男女別ではほぼ五対四の割合で男が多い。藩の財政がいきづまると、借入金や上納金の名目で金銀を徴収されるのは、おもにこの「町」の住民達である。

この繁華街は、小松町または小松陣屋町と名づけられ、村と違って特別の行政区域になっていた。町奉行が支配を担当して、その下に町年寄がいて町を管理し、さらにその配下に数人の町頭《まちがしら》が置かれていた。町奉行といっても僅《わず》か二〇〇軒ほどを統治しているのみで、大都市の町奉行などとは規模も雲泥の差があった。

家臣の数からみても、小松藩が小さかったことがわかる。

かつて寛永一三年（一六三六）に、亡父から三人の兄弟に分割して領地を与えられた時に、亡父の遺産として三人にそれぞれ金三〇〇〇両ずつが分配された。同時に家臣も分けて配属された。三男の小松藩の始祖一柳直頼には二一人の武士がつくことになった。一〇〇石取り以上の者一〇名と、それ以下の「給米取《きゅうまいと》り」という者一一名である。

つまり、新しい領地に到着した時には、僅か二一人の家臣であった。

この直属の家臣の子孫や現地で武士にとりたてられた者、ごく少数であるが他藩の出身者で仕官を申し出た者を採用して、江戸期の中頃には、小松藩の家臣は約七〇人、そのほかに最下層の足軽や小者《こもの》（または小人《こびと》）という下男など約一〇〇人がいた。足軽は百姓の次男や三男などで、一年ごとの臨時雇いであり本来の武士ではないが、小松藩では三石ほどの俸禄を与え、苗字と帯刀が許されていた。

幕末になっても、家臣のうち武士は六〇人、足軽は四〇人（天保九年調）で、維新直前も士分として扱われた者は約一三〇人、これに足軽や小者をふくめても二〇〇人前後で、これが家臣団とされていた。家臣には俸禄を与えねばならなかったので、おのずから人数が制限されていたとみてよい。武士は幕制に準じて大仰な役職名が付けられている。藩の制度として整っているようにみえるが、実は部下が一人か数人、無い場合もあった。

家臣の筆頭は家老で、一人だけであった。

寛永一三年以来、初代藩主につき随《したが》っていた喜多川《きたがわ》家が家老職を世襲している。禄高は四〇〇石で、小松藩ではとびぬけて多く、高給であった町奉行や普請奉行の一〇〇石ほどと比べても四倍の禄高である。

家老に次ぐ奉行職にある者も、初期の記録では二〇〇石や一五〇石になっているが、次第に後を継ぐごとに減額されている。知識や経験が未熟という点もあるが、主として藩財政の理由からであろう。家老の四〇〇石も飢饉《ききん》や慢性的な財源不足で、実質は一七〇石程度の時もあった。

他の藩と比べてみると、家老の禄高がより明瞭《めいりょう》になる。紀伊徳川家の紀伊藩は五五万五〇〇〇石の大名であるが、家老は五人の合議制であった。家老の一人である安藤《あんどう》家は禄高三万八八〇〇石の田辺《たなべ》城主、同じく家老の水野《みずの》家は禄高三万五〇〇〇石で新宮《しんぐう》城の城主である。

同じ家老であっても、小藩の家老と格段の差異がある。しかし藩政の全権をになっての激務であることに変わりはなく、小藩であるがゆえに細密で困難な問題も少なくなかった。しかも決断するのはただ一人である。記録には、病気になった時の苦渋もたびたび記されている。

以上が小松藩の規模のあらましである。むろん、折にふれて細部も説明するが、おおよその事情は御理解いただけたであろう。

これから具体的な事実について、いかに困難な藩政の運営であったかを述べるが、これが可能になったのは、喜多川家の代々の家老が、じつに筆まめに藩政の記録を遺《のこ》していたからである。もっとも、藩政は家老と数人の奉行の合議制によっておこなわれていたので、藩政の日記はその月の当番の奉行と交替で書いている。月がかわると筆跡が変わっている。

家老の執務は、陣屋の櫓門《やぐらもん》からの道をへだてた「会所」という建物でおこなわれていた。会所は家老宅とも近く、執務部屋と大目付《おおめつけ》（警察長官と裁判所長官を兼ねたような役目）の部屋とが続いているので、会所はまさに藩政を司《つかさど》る中枢であった。会所は月に六回の休日があり、後には定休日に目付役の一人が出勤するようになった。

家老が公用の政務を綴《つづ》った記録は「会所日記」といい、享保《きょうほう》元年（一七一六）から慶応《けいおう》二年（一八六六）までの一五〇年間も書き継がれた膨大な量である。「全二百六十二冊は昭和四十六年に小松町の文化財に指定された」（小松町教育委員会編『小松三代藩主一柳直《なお》卿《あきら》・その人と書』）。

この記録は『小松町誌』を編纂《へんさん》する際に詳しく調べられ、とくに武田三郎氏は会所日記をふくむ関連資料を研究されて『小松町誌・小松藩一柳氏の統治』という労作を発表されている。本書で引用し、また要約したのは武田氏の研究である。この労作がなければ、むろん本書もあらわれなかったであろう。

さらに会所日記について兵庫歴史研究会――前述の小野一柳藩は現在の兵庫県小野市をふくむ地域であるが――の北村六合《くに》光《てる》氏が約二〇年前から会所日記の全文解読を進められている。墨痕《ぼっこん》を直接たどることによって、当時の人々の息吹きが伝えられたことは、北村氏の御努力によるものである。会所日記からの記述は、江戸期にはよくみられる同じ事柄の繰返しも多いが、同時にこれまで公表されなかった多くの事実を知ることができた。

会所日記の特徴を述べると、

第一に、小松藩自体が長い歴史を持つが、一五〇年間続いた記録であるため、幕府の通達とこれに対応した藩の動向など、いわば地方からみた江戸幕府の政治の推移を知ることができる。

第二に、小さい藩であるために、領内の隅々にまで目が行きとどいていることである。藩士や商人、領民の詳細な動静が記録され、大藩にはみられない住民の生活の内容を知ることができる。

第三に、以上の事柄を通じて、我々がテレビや映画の時代劇から漠然と得ている「知識」と記録されている江戸時代の人々の暮らしや感情がいささか異なることである。

このなかには、江戸時代という一つの限定された時代であるゆえに現代の我々には理解しにくい事柄も多いが、同時に現代の中小企業、零細企業やそこで働く人々と共通した生活感覚があり、微苦笑をさそわれ、共感する内容が多々ふくまれていることである。

会所日記

会所日記とはどのようなものであったのかは、記事の内容がはなはだ多岐にわたっているので、ひとことで説明するのは難しい。父から子へと家老職が受け継がれても、各人によって性格を反映して、詳しく書く場合と簡単に短く書くこともあり、また同一人でも年齢や健康状態によっても記述の仕方は異なる。むろん、月番の奉行達の記述も同様である。

公務が非常に忙しい日もあれば、まことに平穏で何事もなくのんびりと過ごした日もある。ふつうは短い箇条書きになっていて、筆記者の家老の感想もみられず、事務的な筆致である。例えば、宝暦《ほうりやく》一二年（一七六二）五月一一日の記事は次のようになっている。

十一日　晴

一、去る六日、仕舞《しまい》の御小早船《おんこばやぶね》は風が悪かったので、滞船していたが、ようやく今日出帆する。

一、旱《ひでり》につき、髙鴨社《たかかもしゃ》において先規の通りの雨乞いをしてくれるように、垂水《たるみ》松次郎を申し入れに行かせる。髙鴨社に祈禱《きとう》料として米三俵を上様より下賜される。以前は御社の太夫へも格別に供物を渡していたが、このたびは別当へだけお渡しになった。

一、北条村の権助のところで、女子を出産したことを届け出に来る。

一、上坊より雨乞いをおこなう予定であったが、準備が整わなかったので、明日の晩から執りおこなうと使僧から届け出があった。

十二日　曇　九つ時より雨

一、武司幾右衛門は身体に痛みがあるので、今日の出勤を断ってきた。

一、大生院村の平兵衛夫婦および三兵衛としなの四人が、四国の遍路を願い出てきたので許可する。

一、同村喜来の彦右衛門、岸影の茂左衛門、とや（戸屋が鼻）の七右衛門、権兵衛、大野山の三右衛門ら十人が、伊勢参宮を願い出てきたので許可する。

このように記されている。月日は旧暦なので現在と異なっている。

少し説明を加えると、この記事は筆記者として三人の名前になっている。本来ならば、家老の喜多川舎人《とねり》が書くものであるが、舎人は数日前から体調をくずして寝込んでいる。五月一一日、一二日は少し良くなったようであるが、公用日記は空白が許されないので、家老に次ぐ地位の奉行の石黒甚右衛門と田村藤左衛門が代理で記している。

小早船は藩が所有している公用に使う船で、八挺櫓《ちょうろ》と一〇挺櫓の二種類があり、快速の小型船といったところである。瀬戸内海が荒れて風が強く、出発を延期していた。旱魃《かんばつ》はなににもましての脅威なので、先例の通りに雨乞《ご》いの祈禱を手配している。祈禱料の米三俵も恒例であろうが、別当にだけというのは、藩が支出を削減したことを示している。

北条村の権助のところでの出生が記録されているが、藩の公用日記に領民の出産が記録されているのは珍しい。出産手当として米を支給していたからであろう。大藩にはみられぬことで、これ以後も領民の出産や病死が記されている。小さい藩であるからこそ、領民の把握が充分にできたのであろう。

五月一二日は、会所に勤務している藩士の病欠届けが書かれている。この時期は旅行に出発しやすい季節であったのか、四国遍路と伊勢参りの申請がなされている。

伊勢参りは長期の旅である。喜来や岸影は苗字でなく大生院村の小字の名前である。一〇人も一つの村から出発するので、講形式で費用を積み立てていたにせよ、ゆとりのある村の状況と考えられる。

会所日記は休日で記入されていない場合や僅か一項目か二項目の短い記入が多い。しかしなかには、かなり項目の多い日もある。一例を示すと、同じ年の六月である。

六月五日　晴

一、御小人《おんこびと》の屋根葺の吉蔵は、この間から健康がすぐれないと聞いていたが、今朝死亡したと杢右衛門《もくうえもん》から届け出があった。後始末が難渋していると願い出たので、米一斗を渡す。

一、松山郡の郡表《ぐんおもて》より暑気見舞の書状が届く、同じく桑村郡の代官よりも暑気見舞の書状があった。
一、松山藩の郡奉行、所々の代官と今治藩の郡奉行及び西条藩の郡奉行へ、村継ぎをもって暑中見舞の書状を送った。西条藩へは手紙であった。
一、西条より手紙の返事が今日届いた。
一、来月分の江戸御賄金を差出すため、水舟を出す。
一、このたび、七月分の御賄金のうち、三田御台所の御入用金ならびに御子様方の御入用金を差出す。
一、焼炭五十俵を江戸表へ差出す。
一、藤左衛門より旅行金の残りを文右衛門に渡す。
一、御用書の分ならびに送り目録を一緒にして、六日切《むいかぎり》で出す。
一、積り状一包、文右衛門へ両人より。
一、御用書一通、御用人へ両人より。
一、同　御用人へ幾右衛門より。
一、御請一通、吉左衛門へ同人より。
右のぶん、常飛脚《じょうびきゃく》にて差出す。

この日の記述は一三項目にもなっている。藩内の連絡なので、お互いの役目もわかっていたのであろうが、他人からみると意味の不明なことも多い。

藩は小者として屋根葺《ぶき》の職人を雇い入れていた。本人は少額の借金でもあったのか、死んだ後でもめごとがおこった。藩は香典の代りに米を一斗渡している。

近隣の諸藩とは警戒しながらも、或《ある》いはそれであったからこそ儀礼上の挨拶《あいさつ》は欠かさずおこなっている。暑中見舞を互いにとりかわしている。「村継ぎ」は村から村を経由する不定期便で、「状持《じょうも》ち」という連絡役が書類を運ぶ。各村の庄屋は、書類の内容と到着および出発の時刻を書き留めておく。他領とも連絡している一種の郵便制度である。

この年は午年《うま》なので、四月に藩主は参勤に出発し、六月は江戸に滞在中であった。それゆえ、経費として金を送っている。江戸の三田《みた》には藩の中屋敷があり、そこに藩主の妻や子供が住んでいたようである。江戸での出費をおさえるために、国元から炭五〇俵も船便で送っている。なお、六日切は江戸から大坂までの所要日数か、毎月六日に出発する定期便かと思えるが不明である。

藤左衛門は参勤に随行して、藩主を送り届けると江戸から帰国したのであろう。旅費の残金を文右衛門に渡している。文右衛門は藩の会計責任者とみなされる。二人の奉行へ工事の見積書を提出したのか、江戸へも報告するために写しをつくったようである。

江戸へは定期的に飛脚を送っていて、このなかには公用の連絡文や受領書の写しがふくまれている。江戸屋敷と郷里の藩との連絡は、想像以上に緊密になされていた。

会所日記には、一つの事柄を詳しく述べている場合もある。例えば同年の七月一五日には、

早朝より雨が降っていたが、昼頃より大雨風になる。夕暮には東風が激しくなって、夜の四つ時（午後十時頃）から風は次第に弱くなってきた。雨はいぜんとして激しく、二十年来このように降ったことはなかった。

大水がでて川筋のところどころで堤が切れたので、新開の農地が心配になる。ただちに幸左衛門宅へ行ってみたところ、夜になって北条村の南新田が、ことのほか危ないことがわかった。ようやくにして洪水を防ぎ止めたので、大きい損害にはならなかったが、少々は被害をこうむった。

水は大川の北の土手で二ヵ所の堤が切れたので、今在家へ水が流れこみ、数軒は水が床の上までやってきた。土石場の関を破って水を流したので、水は一本松から西の川原へ流れていった。この辺は土地も高いところであるが水嵩《みずかさ》が増してきたので、足軽達も本村へ立ち退いてしまった。

御殿の付近は別条もなく、夜中も雨が降り続いたが、明け方になって雨は止んだ。

珍しく詳しい描写で、大雨で洪水になるかもしれないと心配して、すぐさま手配をして堤を補強している。御殿とよんでいる陣屋の西約一キロのところに小松川が流れているが、氾濫《はんらん》しなかったと付け加えているのは、いかにも公用日記らしい記述である。

次の日の記述は、雨も止んだので新田からも水が減った、大きな被害はなかったと書き、翌々日は晴とあって、もう洪水については記されていない。

膨大な会所日記のごく一部分を紹介したが、このような記述が多い。むろん、藩政全般や隣藩との外交問題、在郷中の藩主の行動、武士、足軽、領民の日常にいたるまで、量が多いだけでなく、内容も多岐にわたっている。以下の本文で「記録」や「日記」としているのは、ほとんどすべてが会所日記に記載されているものである。

小松藩の財政状況

規模の小さい小松藩であることは、おおよその御理解を得たであろうが、もう少し具体的に経済状態をみることにする。

村の収穫量など断片的な経済関係の資料は幾つも残されているが、財務の全体をみわたせる資料は焼失したり紛失したという。正確な資料は、嘉永《かえい》四年（一八五一）から翌年にかけてのものである。

二冊の帳面が残されていて、『嘉永四亥八月より五子七月迄　御物成米《おものなりまい》　御買米　御借用共受払御勘定帳』と『嘉永四亥八月より五子七月迄　御売米　代銀　萬《よろず》納銀　御借用銀共受払御勘定帳』という難しい題名の会計帳簿である。

御物成とは年貢収入のことである。同じ時期の帳面が二冊あるのは、はじめの帳面は米の出し入れにかかわるもの、あとの帳面は名前のように銀――大坂の経済圏なので、銀が計算の単位になっている――の出し入れ、すなわち貨幣経済を示したものである。当時の実情を反映して、帳簿は米と銀の二本立になっている。

この二つの帳面について武田三郎氏が詳しく検討し研究されているが、煩雑な計算や数字をならべるのは省略して、おおまかに小松藩の財政状況を示すことにしたい。なお、嘉永四年は珍しく豊作で、ゆとりのある年であった。

藩の会計は、年貢として取りたてた米が収入の基本である。この米は、家臣の給与などを支払う部分と大坂の蔵屋敷で売って、金や銀に換える部分とに大別される。藩の運営のためには米と貨幣が必要であった。

最初の帳面からみていくと、嘉永四年の藩の米の収入は、一万石の大名であるが年貢による実収入は、五五〇三石になっている。年貢は六公四民、五公五民などといわれるように、収穫高のすべてが藩庫に入るのではない。豊作の年なので、これは平均より多いほうであろう。

以下は細かい端数を除いた概数であるが、年貢収入と、借入れた米の一〇五〇石や御買米など六四〇石を加えると合計で約七二〇〇石である。この米に前年から繰越した手持ちの米が二六五〇石あるので、繰越し米も計上すると全収入の合計は約九八〇〇石である。

支出は、家臣の給与の総額一九〇〇石、藩の役所での消費七〇〇石、借入れ米の返済が九〇〇石などと雑費を合計すると約四〇〇〇石になる。ところが最も大きい支出は、金銀に換えるために売った三七〇〇石である。金銀は藩の運営上必要なものであった。そうすると、支出合計は約七七〇〇石になる。

つまり、この年の総収入は九八〇〇石で、全支出は七七〇〇石となり、差引き二一〇〇石が翌年への繰越し米である。前年度よりの繰越し米に比べて五五〇石ほど次年度繰越し米は減少するが、おおむね収支のつりあいがとれた勘定であろう。

次に貨幣経済のほうをみると、銀の収入は米の売却代金が三四三貫である。借入れた銀は二三六貫（金に換算すると三七六〇両）で、領民からの上納金が七八貫（金にして一二五〇両）に、前年から繰越した手持ちの銀三四六貫と各種取立金を加えると、この年の銀の収入総額は一〇九七貫である。

支出は、江戸屋敷の維持費と参勤交代の旅費が二五〇貫、このほかに最大の支出として借入れた銀の返済に二五五貫、米の買入れ費用として四三貫、川を普請した費用一八貫やその他の支出を合計すると、支出総額は七三一貫になる。

総収入の一〇九七貫から総支出の七三一貫を差引くと残りは三六六貫、これは次期に繰越される。繰越し額は前年度より微増で、健全財政といえる。米の会計もつりあっているようにみえる。

ただよくみると、豊作であるのに借入れ米があり、返済した米もあるが、借入れた米の量が僅かながら多い。銀の勘定にしても、繰越し銀以外の収入の約一割を占めるのが上納金である。江戸屋敷が火事で焼けたので、復旧のための費用を集めたものである。本来ならば藩の会計でまかなうべき費用であり、臨時の税金とみなしてよい。

武田三郎氏の研究と分析によると、帳簿に記載されている以外に、これまでにも借入金のあったことが指摘されている。

借入金が計上されていない、という帳簿である。理由は、支払い不能のものは元金・利子ともに、支払い停止にしたので表示されていない、明記する必要はないからである。近代の帳簿の考えからみると不思議な計算である。そのうえ、「新規借入れの伊丹屋勝蔵分銀四〇貫と共に、停止者分の額を新しい借入れ金・銀として記載したものと考察される」(武田三郎「近世　第五章　小松藩一柳氏の統治」『小松町誌』)という。

支払わなかった借入金のなかには、大坂の紙屋市右衛門から借りた銀七五貫と利子の銀二二貫の合計九七貫(金で約一五〇〇両)もふくまれている。小松藩は「累積借銀二三六貫(約四〇〇〇両)を抱えている」(『同前書』)という悲惨な状態である。

貸借対照表を組むことは難しいが、累積借入金四〇〇〇両は信頼できる数字であろう。そうすると、年間に売却した米の代金を上まわる金額が借入金として残っている。米に換算して計算すると、この額は家臣の給与総額の二年と一ヵ月分に相当する。

小松藩は、決して健全財政ではなかった。

豊作の年でさえ、このような状況であった。飢饉や風水害、その他の不意の出費、例えば幕府の命令による出兵、小さい事柄であっても藩主の家族の婚礼や葬儀、以前にも四度あった江戸屋敷の焼失など、何かことがあれば、たちまち危機的状態におちいるのが小松藩であった。ひたすら無事平穏を祈る気持ちを財政担当者はつねにいだいていたのであろう。

繰返すようであるが、表面上は収支がつりあっているように見えた帳簿も、実際には完全な赤字が続いていることがわかる。借入金は次第に増えている。新しく借入れては返済にまわしているが、それでも足りない。いつも上納金にたよるという方法も限界がある。要するに、自己破産へと転落している過程にあった。

このような財政状態であるがゆえに、これから述べる会所日記に書かれている様々な事件やその対処には、つねに窮乏と吝嗇《りんしょく》が見え隠れしている。すべて金銭の乏しさからである。

ただ小松藩の代々の財務担当者の名誉のために付け加えると、彼等は決して無能でもなければ怠惰でもなかった。投機的な無謀な開発計画で財政を破綻《はたん》させたのでもなかった。まして公金の使い込みや私的に流用したのではない。計数に明るい有能な人達であった。

それだけでなく、藩の収入を増やすための努力もおこたらなかった。なかには地震と高潮で、開発した新田が壊滅して開拓事業が水泡に帰した場合もあったが、藩札の発行や特産品をつくろうと懸命に知恵をしぼっていた。

増加する借入金は、個人の責任ではなかった。多額の消費を強いられる参勤交代と江戸屋敷の維持費が、赤字になる主要な原因であった。つまり、藩という在りかたじたいに問題があった。

徳川幕府の定めた幕藩体制そのものに、構造的な欠陥があったのである。

古証文

小松藩では、天明年間《てんめい》（一七八一―八九）末期から藩に貸した銀や米を返してほしい、という要望が続発している。会所日記に幾つか記されているので、その二、三例を挙げてみる。

天明七年（一七八七）一月十八日に、西条藩領内の朔日市村《ついたちいちむら》の薦田戒三《こもだかいぞう》という男が、町年寄の三宅川嘉平太《みやけがわかへいた》を訪れて、役所へ取り次いでほしいと頼みこんだ。嘉平太は、役所はもう閉まっているので明日にまた来るようにと伝えたところ、戒三はそれでは宿屋を紹介してほしいと頼んだ。嘉平太が役所の指図がないと宿屋は決められないと断ると、それでは近日中にまた伺うと言って帰った。

三日後に再び戒三が嘉平太の許《もと》を訪れたが、この日は役所の幹部の一人が急病になったので取り次げないと断られた。それでも宿は紹介され、二菜付きの料理を出すように伝えられている。

宿屋といっても誰でも泊まることができるのではなく、町年寄からの斡旋《あっせん》など身元が明らかでないと泊まることのできない制度であった。食事をどの程度にするのかも、町年寄が指示していた。

会所日記によると、この日は嘉平太も宿屋へ同行し、事情を聴いている。戒三は貸米の手形の写しを持ってきていて、以前に小松領民の戈右衛門が米を貸してくれと訪れ、借用の手形を書いた。その時に米は個人で消費するのでなく、藩の御用で借りるので、米も戈右衛門の兄の左平へ送れと書かれているという。それで戒三は小松藩の役所へ手形の決済を求めに来たと説明した。

前節の会計帳簿にも「借入米」という項目があったように、小松藩はしばしば諸方から米を借りていた。領内の米は年貢で取り上げているので、調達先は大坂の商人か領外であったのは当然といえる。ただどういう理由からか、会所日記には戒三が貸したという米の数量は記されていない。

　藩としては、借用手形は個人の書いたものなので返済する意志がなかったのであろう。戒三が役所を訪れるたびに、役所の事務はもう終了した、役所の担当者が不在だと言ってつねに追い返している。しかし宿屋へは町年寄だけでなく、会所の役人の沢右衛門と八郎右衛門が訪れて、戒三から事情や要望を聴いている。

　戒三もなかなか引きさがらず、天明七年の一月は二二日、二三日、二九日、三〇日と役所へ来て、二月も一日、五日、七日と返済を願い出ている。交渉もしたたかで、自分は親類や朋友《ほうゆう》にも相談した、と暗に小松藩の外聞が悪いことをしている、と知らせることをほのめかしている。また、この手形を質に入れて第三者から取立ててもらうことも考えていると言う。西条藩の郡役所へ訴え出て、小松藩宛の添書をもらってくる予定だなどと小松藩の役人に伝えている。

　親藩の西条藩に訴え出るという戒三の主張は、小松藩の最も痛いところをついているが、小松藩側も西条藩の郡奉行宛に説明書を送るなど反論して、交渉を引き延ばしている。さらに小松藩は和田峯右衛門と小野剛右衛門を西条藩との交渉役とし、戒三の件は「寺院取扱」（どういう内容かまったく記されていない）となり、西条藩も同意している。

天明七年の一二月以降、会所日記には薦田戒三の記事はみられない。しかしどのような交渉の経過があったのか、三年経った寛政《かんせい》二年（一七九〇）の二月二四日に、西条藩から戒三の件は内済にしようという妥協案がだされたことを記している。そして同年五月一一日に、江戸藩邸へも経過を報告し、七月一一日に江戸から御用書が届いて「薦田一件　帳面二冊手紙等来《きた》り候由」とある。薦田戒三に関する記録は残され、帳面二冊にもなっていた。

寛政六年三月二七日の会所日記に、突然、次のような記事があらわれる。

（筆者の家老喜多川舎人が）役所を退出後、西条領より手紙がきた。内容は、小松藩萩生村の庄屋飯尾治右衛門より薦田戒三への返米代銀十五貫を戒三に渡し、先年に治右衛門より戒三へ質物として入れてある指紙《さしがみ》をさしださせた。

しかし、大事な指紙なので通常の飛脚による手紙と一緒に送ることはできないので、下役の者に持参させる。年寄のうちの誰かが立会って指紙を受けとってほしい、というものであった。

そして翌日の三月二八日の記事では、小松藩側は森田五右衛門が年寄の大右衛門宅で待ち受けているところへ、越智新蔵という男が到着し、ここで戒三より差出した指紙を受けとっている。受領書は森田五右衛門が書き、宛先は西条藩郡奉行になっている。

無事に受け渡しが済んだので、祝いのため新蔵もふくめてただちに吸物、肴《さかな》、香の物、焼物で酒を飲み、茶漬けで宴会を催している。

指紙とは藩の借用米手形のことであろう。天明七年にはじまった薦田戒三の貸付米返済の交渉は、じつに七年を経てようやく解決した。

当初、個人の借りたものと言い逃れしようとした藩も、結局は正当な借入れを認めねばならなかった。戒三の粘り勝ちといえる。会所日記の文面では、結局、藩が金を支払ったのではなく、庄屋の飯尾治右衛門が支払っている。藩が治右衛門に銀一五貫を支払ったという記録は見あたらない。


薦田戒三が最初に役所を訪れた天明七年正月、その一〇日後に別の件の古証文を持って藩に訴え出た者があった。

この者は京都の公卿《くぎよう》中御門《なかみかど》大納言《だいなごん》の家臣で田中美濃守《みののかみ》の養子となった田中祐助と名乗って、町年寄の三宅川嘉平太を訪れている。この時も嘉平太は、役所が時刻を過ぎて閉まっているので明日出なおしてほしい、と断っている。

京都の著名な公家《くげ》の家臣というので、翌日は会所で森田五右衛門と桑原平作が応対した。田中祐助は書面の写しを二通持ってきていた。一通は養父の田中美濃守からのものであった。これには祐助の実父は宇摩《うま》郡土居《どい》村の加地《かじ》斎宮玄蕃《さいぐうげんば》という名前の者で、以前に小松藩に銀を貸したので払ってほしい、と書かれていた。もう一通は、小松藩が玄蕃から銀を借りたという証文の写しであった。祐助が言うのには、貸した銀を今すぐにでも払ってもらうか、それができないのならば証文を書き替えてほしい、という要求であった。

二月一日に再び祐助に会った小松藩の宇佐美与平次と桑原平作は、銀を貸したという証文は写しでなく本物を見せてほしい、写しには「年符証文」（将来、経済事情が良くなれば払うという証文）と書かれているが、近年はこのような形式の証文は発行していないので、本物を見たいのだと告げた。

祐助の態度は急変した。

ここまで京都から一〇〇里の道をはるばる来たのだからなんとかしてほしい、銀を支払えないのならば中御門家の境内にある三社明神のくじ《い》を買ってほしい、と頼み込んだ。

与平次と平作は、三社明神の修理のためというくじは富くじではないのか、それなら幕府が禁止しているので買うわけにはいかない、と断った。

どのような交渉の経過か不明であるが、銀一匁をもらって祐助は退去した。滞在中の宿賃は藩が支払ったという。祐助の持っていると主張した藩の証文の真偽は明記されていない。

しかし、この件は落着したのではなかった。

三年後の寛政二年の七月二五日に、加地斎宮玄蕃とその倅《せがれ》の京都の公家舟橋三位に仕える加地右近が小松藩の町年寄を訪れて、役所への取次を頼んだ。加地右近とは以前に小松藩に来た田中祐助である。公家奉公の経験があるので公家に仕えるのが容易だったのか、今は舟橋家に仕えているという。

加地右近が藩に提出した書面には、以前に小松藩に貸した銀を返してくれるように催促したのに、いっこうに返済してもらえない。小松領に居住している親は困窮して、自分を頼って京都へ来た。しかし宮家の家来はもともと薄給で、そのうえ一昨年の火事で自宅が類焼したので困りはてている。なんとかして返済してほしい、というものであった。

これに添えて提出した小松藩の借入れ証文は二通で、一通は銀一五貫、もう一通は銀四貫であった。藩の役人坪井三左衛門と喜多川助丞《すけのじょう》の印があり、五年賦で三年分は支払い済になっている。残りの二年分は小松藩側がまだ払っていないものであった。この証文がつくられたのは玄蕃の祖父の時代、すなわち加地右近こと田中祐助の曾《そう》祖父の時代であった。

加地斎宮玄蕃との交渉役は変更され、江南屋円蔵が命じられた。武士ではなく藩に出入りを許されている町人のようである。円蔵は藩が借りた残金の支払いは六両二分で手を打とうと提案し、玄蕃はもう二両上のせしてほしいと主張した。

この結果は会所日記に記されていない。ただ文面からみると、藩が借りたのは間違いないと認めている。

加地斎宮玄蕃とその息子の右近のように、はるか昔の証文を持って返済を迫ったものはほかにもいた。

天明七年五月に、六〇年ほど前の証文を持って藩をたずねてきたのは真鍋左衛門である。この会所日記に「又々罷越《またまたまかりこし》」とあるので、これ以前から幾度も会所に来ていたようである。この五月の時には京都の公家の九条家の御用で伺った、と理由を述べている。

応対に出た森田五右衛門と桑原平作に真鍋が言ったのは、かつて九条家が小松藩に金を貸したのでその取立てに来たという口上《こうじょう》で、宿には大事な書付が置いてあるので、万一、火事になった時には、すぐに駆けつける人夫を一人か二人手配しておいてくれ、と高飛車《たかびしゃ》に告げた。

同年六月二九日に再び小松藩を訪れた真鍋左衛門は、町年寄を通さずに直接に陣屋の大木戸まで来て、中に入れよと門番と押し問答をしている。かなり強引な態度で、九条家の権威を示そうとしたようである。例によって小松藩は引き延ばし作戦にでている。何分にも古い証文なので真偽を検討してみるが、幕府に願い出ても返済は難しいだろうなどと返答している。

三ヵ月ほどして、また真鍋は小松藩を訪れている。交渉にあたった桑原平作に真鍋は内緒の話があるともちかけて宿へ招いた。難しい話ではなく、らちがあかないので主家へも顔向けができず、旅費もかかっているので少々の小遣い銭を欲しいというものであった。平作はそのようにする筋合いはないと断った。

真鍋がこの後、小松藩へあらわれた記録は見あたらない。

寛政元年一二月一六日には、隣藩の西条藩領に住む中村吉左衛門が、五八年前の享保一六年（一七三一）一二月二七日に小松藩に銀二〇貫を貸したという証文を持って、町年寄を訪れている。

この件は珍しく僅か一〇日で解決している。西条藩との悶着《もんちゃく》を避けたのと、証書が本物だったからであろう。

ただし、銀一貫目を六〇文に換算し、この年と翌年にかけて分割返済するというもので、吉左衛門が受け取る総額は九二五匁であった。銀の価値が下落しているので、吉左衛門は三割ほど減少した額で精算したことになる。

古証文による借金の返済要求は、まだほかにもみられる。寛政二年に小松藩に返済を願い出たのは松山藩領壬生川《にゅうがわ》村の夷屋《えびすや》此右衛門であった。四八年前の寛保《かんぽう》二年（一七四二）に、小松藩に銀一三貫二〇〇目と米六二〇石を貸し、米は返してもらったが銀はまだ返してもらっていないと訴えた。この証書には、一柳兵部少輔の勘定所壬生川七郎兵衛と署名されていた。

藩の対策は、これは本当と思えるが「少々の心付けを渡して、この証文を取り上げることができないのか、探ってみることにする」と会所日記に書かれている。

この件も結末については記録されていない。

このように天明年間末から寛政年間（一七八九―一八〇一）の初めにかけてだけでも数件の返済要求が藩に提出されている。大きな商人からだけでなく、公家や近在の百姓からも金や米を借りている。すべてが真実であったのか不明であるが、氏名を名乗って証文を持参しているので、詐欺や騙《だま》し取ろうとする者は少なかったのであろう。それにしても、小松藩にこのような小口の借入れが多くあることは知られていなかった事実である。小松藩に特有のことであったのか、他の小藩でも多かれ少なかれあったことなのか、現在のところ不明である。

ただ藩の記録をみると、返済要求の対応には桑原平作をはじめつねに同じ顔ぶれがあたっている。交渉の担当者が数人配置されていたのは確実である。

天明、寛政年間に借金返済の件数が多いのは、小松藩の財政状況が悪化した時期と重なっている。この時に返してもらわないと将来は返済してもらえなくなると危惧《きぐ》したのかもしれない。

藩側は結末について記していない場合が多い。前例を残すのを避けたのか不可解である。ただ一件だけが落着した時には、返済を求めた者は「老人で意外におとなしかった」と担当者の感想が述べられている。

時代があとさきになるが、内容として財政状況にも関係するので珍しい事件について次に述べる。

座頭への対応（一）

小松藩が小さい藩なので、みくびられ、くみしやすいとされたのか、それとも江戸期特有の職業集団のありかたからきているものなのか、会所記録には奇妙な記事が多い。その一つに、盲人の職業集団である座頭との交渉が記されている。

藩と座頭とのかかわりは長く続いたのか、最初に記されているのは、江戸中期の享保一二年（一七二七）一月一二日である。

座頭達への配当は、これまで藩士達への禄高百石につき銭五百文ずつとしていたが、万事に倹約を仰せだされたので、今後は吉事には百石につき三百文、凶事には二百文ずつとする。これを座頭の組頭である蘭都（らんのいち、と読み、乱都と書かれている場合もある＝増川）にも伝えた。

倹約令のために座頭への配当を減額するという、一見するとなにげない文章であるが、後に藩と座頭との悶着の種になった。

配当というのは徳川幕府の法令用語で、『徳川禁令考』にも述べられているが、座頭達が武家や庶民からうけた施し物を、仲間組織を通じて配分することを言う。ただ各藩によって座頭達への対応が異なり、藩士や医者に準じた待遇を与えて藩の公費を支出している例もみられる。

小松藩は藩士達から金を徴収して、一括して貯めておき、行事の都度に支給するというしくみである。もっとも、百石が基準になっているが、百石以上の俸禄をうけている者は一〇人前後で、藩士からの拠金の合計もさほど大きい額ではなかった。

座頭達は、配当という名前の支給金が半減するので、承服しなかった。藩との交渉は三年ほど続いたようである。


座頭への特権は明治維新後に廃止され、今日では関心もなくなっているので、ごく簡単に説明すると次の通りである。

中世から盲人を保護するための「当道座《とうどうざ》」を徳川幕府は制度化して、座頭に鍼灸《はり》・按摩《あんま》の治療行為や琵琶《びわ》・三味線などの芸能に特権を与えた。また高利貸の営業権を認めて、債権取りたての際の優先権も与えた。

寛永一二年（一六三五）の規定は、元禄《げんろく》五年（一六九二）に改められたが、当道座の最高位は検校《けんぎょう》で、以下は別当《べっとう》、勾当《こうとう》、座頭という位が定まった。前述の藩医なみの待遇をうけていたのは、検校から勾頭までで、座頭以下も修業年限に応じての階級が決められていた。

本来が治療、芸能の試験に合格し、京都の公家の久我家《こがけ》から検校を認められるものであった。将軍綱吉《つなよし》の侍医の一人となった惣検校《そうけんぎょう》の杉山和一《すぎやまわいち》は、本所に一八〇〇余坪の邸宅が与えられ、八〇〇俵が支給された（元禄六年）ほどの権勢であった。

しかし制度化されると、検校以下の地位が売買された。久我家へは俗に「検校千両」といわれるほどの莫大《ばくだい》な上納金で検校の位が与えられるとされ、各階層に応じた価格も決められていたという。当道座は家元制度に類似した師弟関係も存在し、高位の者ほど組織からの上納金によって潤《うるお》っていた。

幕府は盲人保護という政策と、特別な身分として組織内部の統制をまかせるという一種の自治を与える政策を同時におこなっていた。

小松藩の措置にもどると、享保一五年（一七三〇）になって、大坂から岡本検校が伊予に来ることになった。会所記録には、

大坂の岡本検校がこの地にまいり、小松領内の座頭ならびに十里四方の座頭への配当の世話のこと、かねてから頼み候ところ、その意をえてこの地に来り候。

と書かれている。

座頭達が配当のことで不服を申し立てているので、藩が大坂の岡本検校に前々から説得を頼んでいた。藩の意向をうけて今度は伊予に調停にやってくる、と読みとれる。むろん、直接の依頼は、座頭組頭の蘭都《らんのいち》――この地方では座頭が最高の位のようであるが――から頼まれたという形式であろう。

ここで注目したいのは、小松領内の座頭と共に「十里（約四〇キロ）四方の座頭」と記されていることである。なぜ一〇里四方かというと、幕府から当道座は自治組織として一定の地域を支配する権限が認められていたからである。他の藩内では一時期二〇里四方と認められていたこともあったが、おおむね一〇里四方と定まっていたのであろう。検校のいない地域では、勾当が支配していた。小松領内には勾頭の位の者もいなかったので、検校が出張してくることになった。

小松藩の藩主が居住する新屋敷《しんやしき》村の陣屋を中心に、一〇里四方を測ってみると、領内をはるかにこえて、東は西条藩と別子銅山をふくむ幕府の直轄領、西は松山藩と今治藩の領内に達する。いかに小松藩が小さな藩であったかがわかるが、この「一〇里四方」もまた紛争の種になった。

岡本検校が来るというので、小松藩は藩船の泰丸を「迎へ船」として大坂へ出帆させ、迎え役で検校の賄方《まかないかた》に任命された森田十兵衛も乗船していた。

一一月八日に泰丸は帰港し、検校一行には町宿が用意された。「滞在中の検校接待の担当者岡弥右衛門が（検校への挨拶のため）宿へ出むき、料理は、倒着の晩は二汁五菜、翌日からは一汁三菜ていどの食事をだすように、と宿の亭主に申しつける」と記録されている。この献立はぜいたくなもので、藩の公費から支出されている。

この後、藩の幹部である佐伯助左衛門宅と別の日には西方右衛門宅へ検校を招いて会食している。接待担当の岡弥右衛門は、両方の席にでて、歓談の様子を報告している。

藩の財政状況からみて、たとえ藩士からの拠金という形をとっていても、できるだけ支出をおさえようとするのが、小松藩の意向である。藩の提示した額を納得しない座頭達に対して、岡本検校の説得力に大いに期待したのであろう。

検校が小松藩に来ているというを聞きつけて、諸方から座頭達が挨拶に来訪した。この対応の役目は玉置多右衛門に命じられた。検校一行の宿に常駐したとみなされる。

検校が到着して一四日目に、ようやく岡本検校は座頭達を集めて、配当についての決定を伝えた。これによると、

以後十年間は、衆分　鳥目三百銅づつ
打かけ　鳥目百銅づつ
初心　鳥目五十銅づつ

であった。

衆分は一般の座頭で、それ以下に「打かけ」という修行中の者があり、最下位が「初心」という規定で、階層に応じて差がつけられている。

三年前の享保一二年以前は、座頭の配当は五〇〇文であるゆえ、明らかに減額である。これまで「打かけ」や「初心」にどの程度の額が支給されていたのか不明であるが、たぶん半額程度に減額されたのであろう。

この申し渡しについて、当然のことながら座頭達は猛反撥《はんぱつ》した、配当といっても元来は施しであるが、受けとることが慣習になると、座頭側は当然の権利と解釈していたのであろう。検校や藩に対し、納得できないので再考するように主張した。

藩の態度は強硬であった。座頭達と相談するつもりはない。配当に不服があれば容赦しない、という姿勢であった。納得しない座頭達に対し、遂《つい》に実力行使に出た。

座頭の身分を示す紫の房のついた白絹と長絹の装束を無理やり剝《は》ぎ取ってしまった。

衣裳《いしょう》を奪われてしまった座頭達のうち、蘭都とその配下の者達は「恐れ入りました」と条件を受け入れた。しかし他の者達は——おそらく他領に居住していた座頭達であろうが——あくまで反対を表明した。小松藩の対応は不当なので、京都の「学問所」に訴えると主張して藩側に抗議した。

学問所に訴えることが、どの程度藩に対する脅しになったのか不明である。学問所とは官位取次の特権をもっている検校のことで、会所記録には、座頭達は「それぞれの学問所に訴える」と複数の表現になっている。流派によって系統が異なっていたのかもしれない。

翌日、装束を奪われた蘭都一派は岡本検校を訪れ、検校の決定に異議を申したてた無作法を詫《わ》びた。藩は「座頭共を厳しく叱りつけ、新たに定めた配当を渡し、装束を返した」と記録している。言うまでもなく、「今後は決して異議をとなえぬように」堅く申し渡された。

蘭都らが謝ったので、配当金引下げに強く反対していた者達も、結局詫びを入れ、配当と装束を受けとった。ただし、西条藩領内と今治藩領内に居住していた座頭達へは、一切配当を渡さないと小松藩は決定した。

不服な者達があったとはいえ、岡本検校の伊予来訪の目的は達せられた。

この日から四日後の一一月二八日、検校一行は大坂に帰ることになった。小松藩から渡された謝礼は次のように記されている。

一、銀三枚、羽綿三把、雁一羽、これは料理用または土産物として。

一、若党二人へ金二百疋《ぴき》づつ。草履取《ぞうりとり》へ銀二匁。

しかし但し書きとして、これまでの約束で、配当のたびに検校へも百疋ずつ支払っていたので、検校は銀を辞退した、と書かれている。

配当の一件は、これで落着したようにみえるが、事態はそうではなかった。

座頭への対応（二）

小松藩は座頭達に対して、むこう一〇年の間、配当額を減らすことができたので、大坂から検校を招いた甲斐《かい》もあった。かなりな接待をしても、差し引きは充分に出費を減少さすことができた。

巧みな成功は、もう少し詳しく検討してみる必要がある。日数を少し戻して、もう一度ふり返ってみると、蘭都一派が詫びを入れた一一月二三日の会所記録は次のようになっている。

これまで小松藩領内の座頭組頭は蘭都一人であったが、これでは何かと事がうまくはこばないので、今後は城八十《じょうやそ》を新たに座頭組頭に加へ、近いうちに領内に引越してくるように命じた。

いちはやく恭順の意をあらわした蘭都にも不都合があったかのような表現である。しかしこの短い文章のなかに、幾つかの事情を知ることができる。

座頭達は杉山和一の系統の一派（それで、この系列に属する者は「いち」という名前を付けているが）と、八坂城玄《やさかじょうげん》を元祖とする一派があり、この系統はすべて名前に「城」の字を用いているが、一〇里四方の地域のなかにも城派のいたことがわかる。

両派は常に対立していたが、蘭都に招かれた岡本検校は「いち」派であったのだろう。蘭都は城一派には根まわしをしたり情報を与えたりすることなく、参会した時に、いきなり岡本検校から配当額の引下げを提示させたと考えられる。

城派が反対したのは当然である。階級が遥《はる》かに上とはいえ、いち派の検校であったので、より強硬に反対したとも思える。蘭都派も一応は反対してみせたが、たちまち態度を変えて降参している。

一致団結していれば事態も少しは変わったのであろうが、蘭都派が脱落したので、いきなり提示された配当減額に、反対した城派もやむをえず承服したというのが真相であろう。最初から芝居の筋書きはつくられていたのかもしれない。小松藩、岡本検校、蘭都派の連携した工作は、巧妙な方法で成功したといえる。

他方、小松藩は領外の藩での風評を非常に気にしていた。領外に居住している城派の座頭達の反対が根づよく残ることは、あまり得策でないと判断したのであろう。城八十を懐柔するために、座頭組頭の地位を提案した。あわせて小松領内への居住を命令した。城八十は従来のいきさつから、小松藩が蘭都に肩入れしていたことも、よく知っていたのであろう。

城一派は、配当が減額されると生活ができなくなり、鍼灸や按摩にも支障をきたすと主張したのであろう。小松藩の目的は支出減であった。この措置の結果、座頭からの悪口は絶えることなく、そのうえ座頭の派閥争いにまきこまれると、非難は藩にむけられると藩の重役は判断したのであろう。それゆえの懐柔策であった。

僅《わず》かな人数の座頭にこれほど気をつかうのは、大藩ではみられないことであるが、後述するように小松藩は常に周囲の諸藩を考慮しなければならなかった。幕府に対しても、取り潰《つぶ》しや領地を変えられないように、細心の注意を払わねばならなかった。

検校来予から二年後の享保一七年（一七三二）は飢饉の年であった。「稲虫はいよ〳〵多くなり、水の色は醬油のように黒くなった」「ことごとく虫付になり、百姓共は難儀つかまつり候」などの報告が会所へ届いている。

この年の座頭達への配当の記録は次のようになっている。

一、享保十七年三月　大運軒様（二代目藩主一柳直治《ひとつやなぎなおはる》）十七回忌　寄座頭七十一人

衆分　二十六人　一人二百文づつ

打掛　十人　一人百文づつ

初心　十五人　一人五十文づつ

瞽女《ごぜ》　二十人　一人百文づつ

右は岡本検校より蘭都に通達があり、そのうえにて右の通りなり。前年に岡本検校の支配を請わない者達は、この度も寄り集まったが、配当は与えなかった。

瞽女《ごぜ》は東北や北陸地方だけでなく、四国でも少なくなかった。当道座の支配をうけてい

たので、座頭達と同じように打掛なみの配当が与えられている。配分については、いぜんとして岡本検校が蘭都を通じて指令している。前年に検校の支配を請わない者達というのは城派のことなのか、一〇里四方以外の者なのか不明である。

ただこの後に続く同年九月二六日の記録は、やや大意がつかみにくい。江戸期特有の主語をはぶいた句読点のない文章で、このようになっている。

検校へ願い申し伝えたように、松山藩御領内の座頭共のうち、今治藩と西条藩に寄せ集まらないのは、集まると検校が請けあっていたが、どうもそのようにいかない。この節は次第に飢饉がひどくなってきたので、蘭都に公事を申しにくる。蘭都からは、検校へこのような難儀をしているのを伝えていないか、とねだりごとを言ってきた。

松山藩内の座頭達が、今治藩と西条藩に配当を求めて集まることはない、という意味であろう。岡本検校は今治藩と西条藩にもつながりをもち、両藩に松山藩領内の座頭達へ配当を与えるように要請していたようである。しかし現実に、両藩は配当を与えなかった。公事は一般に訴訟などを意味するが、この場合は当道座の内部での苦情申したてのように思える。松山藩内の座頭達が、蘭都を通じて組織の上部に訴えようとしたのであろう。

それで、小松藩と岡本検校の密接な関係を熟知している蘭都が、藩から検校へ「飢饉で困っている座頭達の窮状を知らせていないのか、すぐにでも伝えてほしい」と願い出たのであろう。

藩の枠をこえた一〇里四方の当道座の座頭達への支配は、直接に小松藩に悪影響を与えることになった。幕藩体制と独特の身分組織の矛盾が、飢饉を契機にするどく表われたといえる。飢饉は弱者である盲人達――必ずしも全てが盲人ではなかったが――をより厳しい状況におとしいれた。

蘭都へも窮状を訴えるためか、飢えに苦しんだための行動か、突然、松山藩領内の座頭達が、小松藩内に集団で入り込んできた。会所記録には「座頭共が食事の支度もなしに、やってきた」と書かれている。

小松藩は「こちらで構うべき理由はないが、もとはといえば、配当を減額したことが原因になっていることもあり」、と困惑するのみであった。しかし、空腹にたえかねている座頭をすてておくこともできず、といって藩が直接に支援すると、以前に決めた配当の額をみずから破ることになるので、対処に苦慮した。

「自領の飢えた領民さえ救うことが難しいのに、領外の者に食事を与えることはできず、さりとて御上《おかみ》より遣《つかわ》してはよろしからず」というので、町人の次郎左衛門の家で粥《かゆ》を炊き、松山領内の座頭達に施した。奇特な商人の善意という形にしたが、この米は藩の台所から次郎左衛門に渡したものであった。

この善行をききつけて、領外の座頭達が次々と小松領内に入ってきて、藩に施米を求めてきた。小松藩も凶作で年貢の集まらない時である。この一帯の座頭や瞽女達が、これからどれほどの人数が来るのか、予想はできなかった。藩はようやく事の重大さを認識した。家老をはじめ藩の重役達の協議が続けられたのであろうが、この経過は会所記録に記されていない。書かれているのは、藩は蘭都を呼びにやり、さらに、決して良い関係ではなかったが、城八十も呼び寄せた。両人に座頭達に対して、小松藩ではどうすることもできないと説得にあたらせた。この効果があったのか、座頭達もしかたなく了解し、順次立ち去っていったという。

同年一一月二八日の会所記録は、

蘭都はしごく難儀をしている様子であると聞いたので、籾二斗を下賜する。

家内四人なり。

となっている。この時小松藩は、領内の飢餓人を庄屋から届けさせて、調査している。

そして、一人につき籾《もみ》五升を支給している。蘭都へも飢餓人と同様の措置をとっている。座頭も定住している領民として扱ったのか、他領の座頭を説得して帰郷させた褒美なのか、理由は述べられていない。

比較することは困難であるが、他藩に比べて小松藩は、座頭達へ幾分か温情のある態度のようにみえる。

小松藩の享保二一年（一七三六）の座頭への配当記録は、

一、蝶庵様（第三代藩主一柳頼徳《よりのり》）十三回忌寄座頭共に配当をつかわす。しめて金二百六十一匁　内訳
衆分　六十四人　十二貫八百文
打掛　十三人　一貫三百文
初心　五十八人　二貫九百文
寿瞽女《じゅごぜ》　四十七人　四貫七百文
小瞽女《しょうごぜ》　一人　五十文

となっている。

この記述は享保一七年の時と比べてみると、そしてその後の通常の年とも比較すると、配当を与えた座頭達の人数は二倍以上になっている。領内の座頭がこの年だけにわかに増えたのではない。享保の大飢饉と称《よ》ばれ、餓死者のでた享保年代末期と関連しているのであろう。すくなくとも、他領の座頭や瞽女達にも配当を支給したことは明らかである。

この後も、会所記録には座頭などについての記述は散見される。重都《しげのいち》という鍼灸が上手な座頭が、行路病者を診察して藩から褒美を下賜された（寛保二年・一七四二・五月一日）。今在家村の三歳の幼女が瞽女の仲間入りをした（天保三年・一八三二・閏《うるう》一一月一二日）等々である。しかし座頭達と藩との悶着は記されていない。

享保年間の紛争は、藩の倹約と凶作が直接の原因であったとはいえ、配当という性格のあいまいな支給金と、検校の藩の枠をこえた支配地域という幕府の政策に根本的な原因がある。

かてて加えて、小心というか神経質なまでも他藩の動向や風評を気にする小松藩の姿勢にもよるものであろう。

武士の減俸

家老喜多川舎人の書いた会所日記のなかには次のような記述がある。

寛政五年（一七九三）三月九日

昨日の八日、森田五右衛門が会所で米を一俵受けとり、翌日に家に持ち帰るつもりで、二の間の庭にある竹のつい立の横へ置いておいた。ところが米は昨夜のうちになくなり、西御蔵の脇にある稽古場の方へ出る開き戸がはずしてあり、稽古場へ向かった足跡も発見した。ここで荷物をこしらえたのか米が少しこぼれていて、稽古場の表の戸もはずしてあった。

盗み取ってこの方向に逃れたと思われ、内々に五右衛門らの責任者より届け出があったので、内密に探索をはじめた。

同年三月二十日

先日内々に申し出があった去る八日に御役所の二の間の庭にあった米一俵の紛失につき、下士の住む長屋の者三人に尋ねたが、手掛かりはなかった。今日、取調べをうけた三人が元締まで届け出たのは、疑いをかけられたので謹慎しようかという伺いで、桑原鍋太郎が会所へ申し出てきた。

これは聞いたが、役所の人数も少ないので、三人が謹慎して欠勤する必要はなく、あとで指図をすると伝えておいた。

僅か米一俵の紛失が、藩の公用日記に記されている。

会所日記が些細なことまで書かれている一つの例であるが、たとえ米一俵であっても紛失した場所が役所内であり、武道の稽古《けいこ》場を通って盗賊が逃げたというのは、藩士の誰かが盗んだかもしれないと疑ったからである。

捜査は、その夜の役所の大木戸、桜御門、竹御門の宿直であった池原円蔵、近藤為吉、次平、孫八らの尋問からはじまった。当日午後に各門を通って出入りした武士や商人の氏名も明らかになった。

三月二四日に門番の為吉が申し述べたのは、米が無くなった日か翌日の四つ時頃(午後一〇時頃)、佐名木源吾らしい者と他一名が、「御門」と声をかけて開門を求めたという。為吉は「源さんか」と聞いたが、返事をせずに黙って通ったという。

佐名木源吾が疑われたが、別の場所に同じ時刻に居たことが証明された。

結局、四月一日になって、妙口《みようぐち》村の永市藤蔵が米を盗んだと白状したので、この事件は落着した。藤蔵には、妙口村の妙雲《みよううん》寺や明勝《みようしよう》寺からの減刑嘆願がだされたが、領外追放になった。

なぜ米一俵のことが会所日記に記されていたのか、窃盗事件というだけでなくもう一つ理由があった。その頃の藩士の生活状況について、行状もふくめてとくに注意が払われていたからである。

小松藩の財政状況が厳しいことはすでに述べたが、困難は江戸屋敷の維持や参勤交代による出費という幕藩体制のしくみからくるものだけではなかった。天候不順による凶作も深刻な問題であった。

米の収穫は天候の善し悪しに左右される。米の収穫高が少ないと、年貢収入も少なく藩財政に影響する。藩の収入が低下すると藩士の生活にも大きな影響があった。

現代では藩士の給与は保証されていると考えがちである。せいぜい経費削減か、昇給率が悪くなる程度と思いがちである。

しかし、会所日記にはしばしば理解しがたい記述がある。「当年は知行《ちぎょう》や扶持《ふち》ともに渡しかたは惣半知《そうはんち》にて渡すべしと申しあわせ候」（寛政六年一一月一一日）もその一例である。小松藩独特の言いまわしである。「惣半知」は、藩士の生活水準を下げることであった。

寛政年間以前の天明三年（一七八三）に、小松藩はむこう五ヵ年間の倹約令が触れられた。凶作により藩収入が激減したからである。収入が減少したので、当然、支出も少なくしなければならなかった。

それゆえ、藩士に対しても「お引米《ひきまい》」という減俸措置がとられた。天明七年の例をみると、藩士の俸給は「三ッ《み》成《なり》」という方法が適用された。「三ッ成」とは「三〇%」という意味である。信じられないことであるが、俸給が一挙に三〇%になるという決定である。

とくに高い俸給の藩士は削減が大きかった。すなわち、一〇〇石取りの藩士は「三ッ《み》成」で三〇石と定められた。九〇石取りの藩士は「三ッ二歩成《ふたぶなり》」、つまり三二%の二八・八石に減額された。

以下は、石高の低い者ほど減額分は少なくなっているが、六〇石取りは「三ッ《み》五歩成《ごぶなり》」で三五%の二一石になった。むろん家老の喜多川家も四〇〇石であったのが一二〇石に減額された。

封建制度の時代であったからか、主君の命令という形で決定されたので――むろん、家老をはじめ財政担当者の合議によるものであるが――反対する者はなかった。このような措置をとる藩を見かぎって脱藩する者もなかった。凶作は小松藩だけでなく四国全体の広範囲に及び、多かれ少なかれ他の藩も同様であったのだろう。減俸による脱藩者を迎え入れる藩は無かったと思える。

高給取りに比べて俸禄の低い者、例えば一二石取りの中姓や小姓、八石取りの徒士目付《かちめつけ》や平徒士《ひらかち》、或いはそれ以下の者はすべて一割の減額になっている。

中堅以上の藩士達にとって、じつに極端な給与の減額であった。

この翌年には家督相続の場合の減額規定が定められた。いうならば初任給の減額である。例えば、一〇〇石取りの藩士の家を継ぐ場合、相続人が一七歳以上の場合は二八石に減額、一七歳以下の場合は一八石となっている。本来相続する給与の三割以下である。六〇石の家を相続した場合は、一七歳以上で二四石、一七歳以下では一二・六石とやや減額率は低いが、それでもいちじるしい減額である。

ただこの措置には「但し書き《ただしがき》」があって、相続人が正規の役職についた場合には増額する、となっている。増額がどれほどかは明示されていない。

いちじるしく俸禄を削減しても、藩財政は好転しなかった。慢性的な不況が続いていたからである。寛政四年の藩の倹約令は、さらに厳しい俸禄の減額であった。

この措置は「半知《はんち》」とよばれている。知行（俸禄）を半分にすると思えるが、これも小松藩の用語で、二割の意味である。すなわち、一〇〇石取りの武士は二割の二〇石に減額された。天明七年の措置で三〇石になったのが、さらに一〇石減らされて二〇石である。なかには「二《ふた》ツ八歩成《はちぶなり》」という二八％に相当する二八石に減額された場合もある。

生活状態が勘案されたのか、役職によるものか不明であるが、「半知」令は一律に適用されたのではなく、六〇石取りの武士で一二石になった場合や一四石余に減らされた者もいた。正規の職制に応じた本来の俸禄からみると、三階級か四階級か降等されたことになる。

「半知」の措置が苛酷《かこく》であったのは、これまで低給与のために一割程度の減額であった者達にも、大幅な俸禄引下げがおこなわれたことである。一二石取りの小姓級も六石に減らされた。足軽や小者といった薄給の者達も大幅に減らされた。

寛政六年の会所日記に「惣半知」と書かれていたのは、一律にすべての者に対して「半知」を適用するという意味で、この年はいちだんと厳しくなった。

先に米が一俵紛失したことを述べたが、このような些細なことまで詮議《せんぎ》したのは、下級の者にもいちじるしい収入の低下だったからである。さらに藩士の減俸は、下級の者の上層部に対する不信感をかもしだした。

凶作の連続は、このような非常事態となって武士の身にふりかかってきた。

「お引米」は天明三年から一一年間続いた。商人や百姓からの貸金を返済してくれという要求に対して、「我等もお引米になっているので」という口上を繰返している。藩の財政がここまで悪化しているという説明であった。

俸禄が減少したのなら、何か他の副業や内職で収入を増やそうと思いつくのは、今日の人々の考えである。

小松藩の藩士達は、俸禄が減らされても勤務時間や勤務内容は変わらなかった。飢人の増加やそれに関連した仕事で、逆に事務量は増えたのであろう。足軽以上の藩士達は御館周辺の武家屋敷に居住していた。いわば密集した社宅に住んでいたものであった。藩士達は各家庭の状況を互いに熟知していたのであろうが、相互に注目しあう関係にあったのも事実とみてよい。

当時の武士の考え方として、忠義を最優先して、主家のある武士の信条から内職をするという発想は生まれなかったのであろう。武士としての矜持《きょうじ》が、俸禄を削減されたといって副業にはしることの歯止めになったと考えられる。

会所日記には、藩士の内職に関する記述は見あたらない。かりに内職や副業がおこなわれていたとしても、歴代の家老は、自分が政務を担当していた時代に、内職を黙認していたと公用日記には書けなかったと推定できる。

ただ、天明四年二月九日に、紙の製造原料で楮《こうぞ》の密売事件が記されている。「抜け荷」で多額の銀を得たとして召捕られた者は、番人の湯波山予平ほか二名、同年四月二一日にこの件で六名が処罰されている。製紙業は藩の直営企業なので、困窮した藩士が関与していた可能性は否定できない。

会所日記にはお引米の実施中に、珍しい記事がある。藩主の母親か側室とみなされる女性の内職を中止させたという記述である。本人の趣味なのか、財政事情悪化の影響なのか、その点はあいまいな内容である。日付は寛政五年八月一九日になっている。

知光院様は近頃、箸置きをおびただしく御細工になり、女中達が灸治療に外出した時などに店々へ卸し売りしているという報せがとどいた。内々に探《さぐ》っていたところ、最近五、六十膳も作られ、近いうちにまた、卸し売りされるという。対応を考えているうちに、さる十七日に周布より御採用になった女中が親元へ帰ることになったと聞き、黒川六郎右衛門宅へその女中をよびだした。

知光院様の箸置きの御細工と卸し売りについて問いつめたところ、二十膳ほど箸置きを持っていることを白状した。それで、明日は御館へ帰邸することになっているが、気分が悪いので親元にしばらく滞在することにせよ、と命令した。

元山弥七を女中の親元に派遣したところ、早く御館へ帰らせてほしいなどと陳情したので、やむを得ず連れ帰ろうとしたが、夜中のことであり、逃げられないように腰縄をつけた。帰る途中で、所持している箸置きは二十膳でなく四十膳だと白状したので、この品は没収した。

十八日になって六郎右衛門と遠藤の二人を知光院様の許に伺わせたところ、箸置きの御細工を卸し売りなさったことに相違はないとおっしゃった。それで、御細工物の残りと御道具ならびにお売りになった金子は、こちらでお預りいたしますと申し上げて二人は退出した。

寛政五年八月二十一日、智《(ママ)》光院様の御細工道具を調べたところ、鋏《はさみ》と鋏の折れたのに柄をつけた小刀、それに銀十七匁余があったので、中嶋仙右衛門がお預りした。

高い身分の方なので、みずから細工物を作って売るというのが、はしたない所行なのか、藩の体面をけがしたというのか、なぜ鋏や少額の銀まで取り上げる必要があったのか、現代の我々には理解できない部分が多い。会所日記には理由が一切記されていない。理由を述べる必要もないほど、当時の感覚では当然の措置であったのかもしれない。

お引米の期間に並行して、倹約令も続いている。

倹約令は「勘右衛門に対し庇付《ひさしつき》の家や瓦葺の屋根を禁止する」(寛政五年二月)、「宝寿寺の龍華院で、三味線や琴で高声をあげ賑やかに振舞うことを差しとめ」(寛政六年七月)、「町の者の妻子が衣類や髪かざりが華美になっている」(寛政七年一月)と警告し、「岡村松蔵の妻きよが、御法度の髪かざりと衣服を着用し」(同年同月)、これは不届きと叱《しか》っている。同年九月には、北条村喜蔵の妻が象牙《ぞうげ》のかんざしを着け、絹の帯をしめていたと叱っている。同じく象牙の櫛《くし》やかんざしを着けていたと喜平次の後家、庄三郎の妻、政之丞の妻にも倹約令にそむくと差しとめている。

しかし、どの藩士の屋庭も給与が二割になっているので、ぜいたくをしようにもできない状態であった。藩士達は食事の量や回数を減らして耐えねばならなかった。不況とは空腹を耐え忍ぶことであった。「武士は食わねど高楊枝《ようじ》」というのはこのような場合をさすのであろう。

どのようにして「お引米」の期間を過ごしてきたのか記録には見あたらない。憶測できることは、多くの武士が屋敷内に畑地をもっていて、それで食いつなぐことができたのであろう。むろん、中間《ちゅうげん》や下男、炊事婦や女中などの使用人は解雇された。彼等の戻っていった先は、これもまた飢えている出身の村であった。そこでの元の雇人達についての記述もない。

小松藩では天明年間以前から、下級武士の場合は、武家以外の農民や商人との縁組を認めていた。寛政六年六月には、幹部級の武士である石黒甚右衛門の次女を吉田《よしだ》村の順蔵の妻にという縁組が許可されている。「天明以降になると、(武士が)豊かな農家・商家から嫁を迎えたり、家臣が農家・商家の養子となる例が増加してくる」(武田三郎『小松藩一柳氏の統治』)。これもまた、減俸への有効な対応であった。

藩主は藩士を選べるが、藩士は藩主を選ぶことができない。減俸の期間、小藩の領内で生まれ小藩に禄を得た藩士達は、みずからの不運を嘆くほかはなかったのであろう。

藩士の食卓

俸禄が大幅に減少された藩士達、それよりもさらに生活に困った領民達は、いったい何を食べていたのであろうか。

膨大な会所日記も公用記録であるためか、衣裳や髪飾りなどのぜいたく品の禁止はしばしば述べられているが、食料についての記録は非常に乏しい。しかし、ごく僅かな記述からも藩士の食生活が透けてみえる。

享保末年の大飢饉の時は、飢えて救助しなければならなかった飢人は五四二四人と記録されている。この時の享保一七年（一七三二）八月七日の会所日記に次のような記事がみえる。

御山のわらび掘りの件は、飢人を救けるために、御山が荒れてしまうのは承知のうえでお許しになった。ところが、現在は難儀していない者も勝手に御山へ入りこみ、なかには馬を連れてくる者もいる。わらびを掘るだけでなく、囲いも持ち帰ったと聞いている。

町と村々へ廻し文を出し、難儀していない者は御山に入ってはならないと通達する。

この翌々日には、藩はわらび採りに行く町と村々へ木札を渡し、山へ入る者には庄屋を通じて木札の合印を持参するように伝えた、と書かれている。

藩の山を開放して飢人対策にわらびを採らせたが、横着な者もいて飢人でない者達もわらび採りに山へ入ったという。馬を連れてきたのは、わらびを大量に採って積み込むためか、囲いに使ってある木材を持ち帰るためであろう。藩士の最下級の足軽達は農家の出身で、自宅からの通勤も多かったのでわらびの恩恵にあずかったと考えられる。

この頃の藩から村々へ検分《けんぶん》のために派遣された者達への接待は、茶漬けだけにして他の料理は一切提供してはならない、と庄屋達へ通達している。

宝暦八年（一七五八）七月に小松藩から江戸屋敷へ送った物資のなかに、赤味噌《みそ》一樽《たる》、醤油《しょうゆ》一斗七升、寒晒《かんざらし》（白玉粉）一斗五升、梅干一樽、塩うど、塩わらび、塩竹の子がある。宝暦一二年一〇月二〇日の江戸への輸送には、糯米《もち》や炭などと共に、塩松茸《まつたけ》、塩引《しおびき》いな（ぼらの幼魚＝増川）、鶴、鴨が江戸へ送られている。

江戸屋敷の経費節約のためだけでなく、江戸詰の藩士達にも故郷の味をなつかしく賞味するための配慮もあったのだろう。つまり、藩士達は在郷の時にはこのようなものを食べていたと考えられる。

宝暦年間（一七五一―六四）も倹約は強調されていた。宝暦一〇年九月九日の会所日記には、三嶋神社の祭礼について述べている。

近例によって川原で神事角力《ずもう》が催された。去年迄は、村の仕出しで御家中の桟敷へ弁当を渡していたが、今年から差留めになった。藩士は弁当を自分で持参することに決まった。

舎人《とねり》（会所日記の筆者である家老の喜多川舎人。自分はの意味）と庄右衛門らが神事角力の検分に出張した。八つ時分（午後二時頃）にはじまり日没に終わった。角力取り達へも以前は村から酒樽や器を出していたが、今年はこれも差留めになった。

小松藩は飢饉の時であっても、離れて住んでいる親子や親類間の贈答に野菜だけは許していた。領民は副食として野菜を煮るか漬物として食べていたのであろう。

米や麦が不作であっても、元来、小松領内は山や川の幸が豊かな土地であった。領内を流れる大郷川では鮎《あゆ》が多く獲《と》れ、「（殿様は）大郷川へ鮎狩りにお出になった」（宝暦七年七月三〇日）、「西重郎左衛門が願い出て、大郷川に鮎を獲りに行く」（明和《めいわ》九年・一七七二・七月二〇日）などと記されている。

市之川、妙之谷川などでも川魚が大量に獲れ、「広江川の江立網を（殿様は）御見物あそばされた」（宝暦一一年八月五日）という記事もみえる。

「北條新田の御留場へ塩引御用のいな（ぼらの幼魚）打ちに、御家中が申し合わせて出かける。いな九つを獲って塩引にする」（安永《あんえい》四年・一七七五・一〇月九日）とも書かれている。

現在では想像できないほど魚が獲れたのであろうが、それだけでなく、鹿、猪、兎、鶴、鴨なども豊富であった。「吉田村の百姓が黒鶴を拾ってきて御館に差上げる」（宝暦一二年三月二四日）、「大頭村の百姓乙右衛門の倅が、また鶴一羽を拾ってきたので御褒美を下さる」（安永七年九月四日）と記されている。同年一〇月一八日には、「土屋源助が昨日猪を一匹打ち獲ったが、ただちにの御用はないので源助に下された」とある。「天神山より大頭村山寄りの場所で、鳥追いを仰せつけられた。山寄りの勢子《せこ》（動物を追い出す役）達は兎を四羽獲った」（明和三年一月五日）、「大生院村で昨日鹿を獲った者へ三百文、兎を獲った者に百文つかわす」（安永六年一月二六日）。このほかにも兎を獲った記事は幾つかみられる。

果物については、御館の敷地内だけでも柿の木が多かったのか、天保三年（一八三二）の一〇月に大和《やまと》柿と西条柿があわせて一五〇〇個も採れて、側室をはじめ幹部一同で分配した記録があり、個数や氏名を詳しく書き出している。また、「当年、御墓所のある山と自分の山（家老舎人の持ち山）で松茸が百三十四本も採れ、塩締めにして廻船扱いとして差出す」（宝暦四年一〇月五日）、「先日、竹の子の御用を申し出たので、今日竹の子を掘って五十本を塩漬けにする」（宝暦一四年五月一五日）という記事もある。

天明四年（一七八四）一月二六日の会所日記には、

大浜六郎左衛門がしかけた兎のわなにかかったといって山鳩を二羽献上に来た。昼休み会所に詰めていたので、上様よりお酒を賜った。

山筒《やまづつ》の者達が手すきになったというので、南山の鹿を捕らえるように言いつけておいたところ、二十三日より二十六日までの間に鹿を六匹、兎を六羽打ちとってきたと差出した。鹿は一匹につき三百文、兎は百文ずつ渡すように隆右衛門へ命じておいた。

山筒の者とは鉄砲の許可を得ている猟師達である。

寛政期の大飢饉直前は、このように狩猟漁労の成果がある土地であった。

寛政四年（一七九二）三月二五日の記録は、人別改め（戸籍調査）に出役して村々を巡回する藩士達に対する村方の接待が指示されている。これまで香の物のほかに一汁二菜と酒も少々ではあったが、御倹約中なので、吸物、煮物、香の物も酒も取り止めという。

翌年の五月には、殿様の子供達が蛤《はまぐり》採りに出かけた。寛政七年には殿様がはぜ釣りに船に乗られたという短い記事がある。付近の住民は蛤のよく採れる場所やはぜの釣れる穴場をよく知っていたのであろう。ということは、住民達が蛤やはぜを食べていたことを意味している。

これまでの記述で、おぼろげながら藩士や領民達が何を食卓にのせていたのかが想像できる。

現在では通常の家庭で、夕食に三品か四品の副食を添えるのは日常のことであろう。もはや少数になりつつあるが、第二次大戦中や戦後の一時期の食糧難の時代を体験している年輩の人々を除いて、たいていの人達は多様な副食は当然のこととしている。

しかし、二〇〇年前や三〇〇年前の日本人の食生活は今といちじるしく異なっていた。しかも大都会に住む人々でなく、四国の北西部の狭い平野と山林に囲まれた土地では、武士も領民もはなはだ粗末な食事であったと考えられる。

季節にもよるが、川魚が大量に獲れ、獣や鳥が入手できた時には、意外に豊かな副食であったのかもしれない。あるいは塩漬けや干物にして、ほんの僅かずつを食べていたとも推定できる。毎食の米は現在よりはるかに多量を消費していたのであろうが、副食は菜か大根を塩ゆでにするものが一品程度ではなかろうか。

結論を急がずに、もう少し先をみてみよう。

寛政期から三〇年ほど経た天保年間（一八三〇—四四）も、また冷害や長雨による飢饉の続いた年であった。そして、いつものように倹約令も触れられた。

この頃、北条村でちょっとした喧嘩《けんか》が記録されている。江戸へ一度出奔して再び戻ってきた北条村の三平が売った夕顔《ゆうがお》（瓜《うり》科の植物でひょうたんはこの変種）が原因であった。目明しの清次や手先の清助、定兵衛ら四、五人が三平から夕顔を買い、鮒《ふな》の子や川海老《えび》を入れた夕顔汁をつくって食べた。それに食当りをして、腹痛を起こし食べたものを吐いた。清助らは三平の瓜が原因として、十手で肩や腰を殴った事件である（天保三年七月九日）。代官所の判定は、食当りの原因は夕顔でなく川海老によるというものであった。

一例にすぎないが、夕顔汁はこのようなものであった。

天保四年には飢饉対策として、「藩では在町に対して、菜・大根・芋・ニラなどにいたるまでそれぞれ貯蔵しておくとともに、寺社からの『諸勧進お断り』の立札を立てるように命じ、（天保）六年には家中の御倹約の申合せをした」（武田三郎『小松藩一柳氏の統治』）という、常食にしている野菜類はこのようなものであった。

天保一〇年一一月の八代藩主頼紹《よりつぐ》が廻村《かいそん》した時には、倹約のためにつき従った藩の重役や用人も弁当であった。この時の副食は焼味噌と菜だけであった。下級の武士へは煮しめ魚と大根、廻村の際の高齢者への褒美も銚子と煮しめ魚と大根である。

藩の幹部の副食に煮魚が付いていたのか記されていないが、はなはだ粗末なものであった。

これらの記録をみると、飯の上に焼味噌を塗って食べていたことは確実である。後述する鰹節《かつおぶし》も削ってふりかけのようにしていたのであろう。副食として一般に、小魚の煮物、魚の干物、豆や芋などをはじめ野菜の煮付、梅干で、香の物は意外に貴重であった。

藩は豆腐の価格を統制している（寛政九年一一月二七日）ので、豆腐はでんがくや湯豆腐、吸物などにして多用していたのであろう。海岸の狭い領地のためか、海産物は少ない。調理方法で油を使った炒《いた》め物の記述は見あたらない。うどんは常食で、外出時の弁当は握り飯であり、会所日記に幾度も記されている飢人への施しは粥《かゆ》であった。

副食は野菜が主であったと考えられる。ただ、野菜も明治期になって普及したものや第二次大戦後に広まったものもあるので、現在と比較するのは困難であろう。

小松領内の人々は武士も庶民も限られた範囲で満足していたのであろうが、副食の種類が少なかったのは事実である。

藩札の発行

藩士達に苛酷な減俸である「お引米」をいつまでも続けることはできなかった。財政危機を打開するために、藩は新田開発や鉱物資源の利用、製紙業の拡大などをはかったが、さほどの収入源にならなかった。

それで、一挙に多額の収入増をと考えたのが藩札の発行である。寛政四年(一七九二)に計画がたてられ、翌年に実施された。俸禄の八割引の「半知」令が適用された翌年である。奉行の竹鼻《たけはな》(または竹花)正脩《せいしょう》が強く進言したからとされている。

領地も狭く、僅か一万余人の人口であるが、小松藩は一つの国家でもあった。紙幣を発行する権限をもっていた。いうまでもなく、領内のみで適用するので、この点は現代と大きく異なっている。

紙幣を刷って銀貨とする。まさに紙から銀への錬金術で、これで藩の財政を豊かにするという発想であった。竹鼻の提案は、藩が財政危機から脱する妙案として採用された。ただし、最大の難関があった。幕府は各藩に対して藩札の発行を禁止していたことである。通貨の混乱を防ぐための当然の措置といえる。

小松藩は大胆にも、幕府の公許を得ないまま非合法の藩札発行にふみきった。

表面上は藩が発行していることを隠し、幕府から追及された時に、証拠にならないようにと、藩札には藩の名前を入れないことが決められた。新屋敷村の庄屋近藤七作と萩生《はぎゅう》村庄屋の飯尾治右衛門の両名が保証した私札、という形式で発行することになった。むろん藩札とよばず「銭預《ぜにあずか》り札《ふだ》」という名前にした。

藩の幹部が協議した具体策は、藩札発行の責任者として銭札場係という役目をつくって、近藤七作と飯尾治右衛門を任命することだった。銀主という役目もつくられ、治右衛門と上嶋山村の庄屋で酒造業を営む三並藤五郎が任命された。

藩札の発行と同時に、七作と治右衛門は一定額の運上金を藩に差出すことになった。

この金は、藩札を発行した時に銀に換えてほしいという要望があった場合、藩札を交換するための準備金であった。会所記録には、藩札の発行で得る利益の八割は藩の収入とし、二割は七作らがとる、と記されている。

おもてむきは私札であるが、製作と発行に藩が全面的にとりくんだことは会所日記からも明らかである。すなわち、

寛政五年十一月十四日

銭預り札は追々できてきて、明日の十五日から担当の者が印を押す作業にとりかかると報告してきた。（押印の作業へ）役人が一人も立会わないのでは締りがつかないと言うので、大坂役の池原龍平を見分役に任命した。龍平を会所へよび出して、家老から役目を申し渡した。

銭預り札の枚数はおびただしい数なので印を押すのには日数がかかるという。それ

で卯の刻（午前六時頃）に出勤して、日暮れまで印を押す作業を命じた。食事も三度とも与えることにして、若党の一人も草履取りを作事方より派遣して作業にあたらせることにした。

同年十一月十五日

銭預り札の胴印と肩印を押すのは大切な作業なので、役所で奉行役が見分《（ママ）》することになった。しかし数が多いので、そのつど見分《（ママ）》することはできなかった。補助として賄《まかない》方の役人をあてようとしたが、賄方も人手不足なので、見分《（ママ）》に派遣するのは難しかった。

製作を担当している御徒士目付《おかちめつけ》の吉田郡平から、札の出来工合は良いと報告してきたので、あらためて郡平を会所によんで、奉行の祐左衛門から郡平へ印の押方を命じた。

同年十二月六日

預り札の胴印もだんだんに出来上がり、肩印を押す作業を森田五右衛門に申しつけた。

当役（家老）は御用が多く、預り札の発行について見張りができない。しかし吉田郡平が胴印を押すために毎日会所に出勤するので、見分《（ママ）》に都合がよい。

胴印を押す作業は、他の作業と紛れないように敷居をへだてておこなうほうが良いと考えたが、何分にも狭い場所なので分けることはできない。

同日

預り札が次第に出来上がってきたので、これを記録しておく請払帳は、後で間違っていたとならないように念入りに記入するように五右衛門に伝えた。

このように記した後、会所日記には、昼も夜も精を出して製作にうちこんだので予定より早く、銭預り札は完成した。それで一二月一三日より通用すること。一六日までに銀を持参して銭預り札と交換するように、と会所から各村に触れたことが書かれている。

一二月二二日には、銭預り札四万六〇〇〇枚（金額にすると銀一〇一貫五〇〇目）が発行されたと記されている。たしかに多い枚数である、翌年にはさらに四万二〇〇〇枚（記載金額の合計は銀一〇〇貫）が発行された。藩の利益は八割なので銀約一六〇貫（金に換算すると約二六〇〇両）が藩の収入になった。年貢米の売却代金の五割に近い巨額である。

藩札発行の原価は非常に低いので、約二六〇〇両が一挙に入手できたのは大成功であった。

銭預り札は、たて約一五・七×よこ約四センチの細長い紙で、表側の右上に小さく番号が書かれ、中央に大きく「銭拾匁也預り」などと金額が書かれている。控をとったためか割印になっている印が右側に二ヵ所、中央に胴印なのか丸印と角印、下部に金額によって異なるが丸印と角印が押されている。合計六個の印である。

四万六〇〇〇枚の札に六個の押印は大変な作業であり、会所日記に印を押すことや担当者の名前が繰返し書かれていたのは当然である。

札の裏面には近藤七作、飯尾治右衛門の連名が墨書されていて、二人の名前の下にはそれぞれの印が押されている。表裏の文字は字体が同一ではないので、木版刷りでなく手書きであったことがわかる。なお、裏面の上部には絵のある大きな角印が押されている。

繰返し述べるが、これらの銭預り札には藩名も年月も書かれていない。会所の座敷で押印の作業がおこなわれたが、藩札ではないという体裁である。「伊予小松」と藩名を記すようになったのは、後の天保年間（一八三〇―四四）からである。幕府が各藩の藩札発行を黙認するようになった頃からである。

銭預り札を発行して、藩の権威で強制的に流通させることによって、藩は領内で通用している銀を吸い上げることができた。銀は江戸屋敷の費用や大坂での支払いなどにあてることができた。これらの銀は産業を拡大するために投入されることなく、消費にまわされた。

しかし、預り札の発行は通貨の総量が増えたことになり、諸物価が騰貴した。流通している実際の銀は不足したため、銀の価値は高くなった。預り札の額面の価値は減少した。武田三郎氏の解説により具体的に数字で示すと、文政《ぶんせい》六年（一八二三）五月に、藩は銀が騰貴したので町方へは銀一匁が二〇八文になると布達している。

当時の貨幣価値は、銀一匁が一一〇文前後であるので、小松藩領内は一般の銀の相場より約二倍になったことになる。預り札は銀一匁が二六八分というので、札の額面の価値は領内で通用している銀に比べても約七割、大坂などで一般に通用している銀の価値に比べて、札の額面はわずか四割の価値しかないという事態である。

この二年後の文政八年には、銭預り札の銀一匁札は、一五文として通用している。その頃も銀一匁は一一〇文とするならば、銀一匁札は相場の一割強の価値しかなくなっていた。預り札の価格の下落がいかにいちじるしかったかがわかる。

藩は領民から、預り札の額面通りの銀と替えてほしいという要望が、一挙に増大することを想定して、つねに交換用の銀を準備しておかねばならなかった。手持ちの銀が少なかったので、この時もほかから借入れることになった。

最初の預り札発行から約二〇年後に——その間も次々と札は発行されたが——藩は領内の商人千草屋から銀四〇貫を借入れた。交換用の準備銀である。さらに、文政元年には、藩の特産品である輝安鉱（アンチモニー、またはアンチモン）六〇〇〇貫を抵当に、大坂の商人から銀三〇〇貫（金に換算すると約五〇〇〇両）を借入れねばならなかった。そのほか隣藩の松山藩からも金にして約一〇〇〇両を借入れた。安政《あんせい》四年（一八五七）にも大坂の丹波屋芳兵衛より銀七五貫目を借入れている。

借入金は増加の一途をたどった。

銭預り札という名の藩札のため借金は増え、それが藩の財政を圧迫し、これを改善しようとして、さらに藩札を発行するという悪循環がはじまった。藩札は第三次以降から銅版印刷になり、短時間で大量に発行することが可能になった。

藩札の実質的な価値を維持しようと、文政一一年に第六次の新札が発行された。この新札は、現実に通用しているが摩耗したこれまでの札——紙に手書きしたものや銅版刷りであっても粗末なもので、人手から人手にわたっているあいだに表裏の字も読みにくくなっていたので——を「疵付《きずつき》」として、新札との交換を五割引或いは六割引とした。

強制的に額面を約半額にするという措置である。これも「お引米」と同様に、信じられないような無理な方策といえる。

明治四年（一八七一）、明治政府は全国で発行されている藩札を禁止し、各藩の藩札をつくるための印刷機械を没収した。小松藩の藩札も無効になった。

伊予小松藩の藩札は、寛政五年の一二月からはじまって総計約四〇万枚（額面の総金額は銀で二五〇〇貫、金に換算して一万二五〇〇両）とされている。明治維新時には、額面金額の約八割が流通していたとみなされている。

明治政府は、各藩の藩札を円や銭であらわしている新貨幣と交換する措置をとった。しかし明治政府は、徳川幕府に無届けで発行した「銭預り札」は新貨幣の円と交換しなかった。庄屋達が勝手に発行した私札なので、政府は関知しない、と交換を拒否した。

銭預り札の回収と新貨幣の円との交換は、すべて小松藩の責任で処理しなければならなかった。この経過と詳細は不明である。推測できるのは、領内の豪農や豪商からこの処理のための金を借り、返済しなかったということであろう。

殿様在国

大名はつねに自分の領地に居たのではない。

後で述べるように、参勤交代で江戸在住の期間も長く、いわば二重生活であった。小松藩の場合は、参勤が終わって帰国した五月頃から、次の参勤に出発する翌年の三月までの約一〇ヵ月間が在郷期間である。

大名の日常生活はほとんど知られていない。

テレビや映画でよくでてくるシーンは、立派な着物を着て広い座敷の上段の間に坐《すわ》り、肘《ひじ》かけである脇息《きょうそく》によりかかりながら「苦しうない、近《ちこ》う寄れ」と言ったり、突然立ち上がって退席するという場合が多い。それ以外の時は、どのように過ごしていたのか、どのような暮らしをしていたのかはあまり明らかではない。

小松藩の藩主が在郷中に居住する館は、御殿《ごてん》か御館《おやかた》とよばれていた。敷地全体は六三〇〇坪もあり、泉水もある広い庭園が大きな部分を占めている。建物は屋根のない白洲《しらす》もふくめて二四四八坪ほどの平屋である。北半分は政務用で、南半分は藩主の私邸になっている。政務所、私邸ともに常駐の家臣や料理人がいる。一万石の大名で城はもっていないので、この程度の規模は必要であった。

藩主がしなければならない公式行事は、正月をはじめ総出仕の家臣を謁見《えっけん》する五節句の儀式、代々の先祖の法事、高鴨神社や三嶋神社への参詣《さんけい》などであるが、長く続いた藩であるために、法事の回数は非常に多かった。

六代藩主一柳頼欽《ひとつやなぎよりよし》の寛政二年（一七九〇）の僅か二ヵ月ほどの行動が、会所日記には詳しく記されている。頼欽はこの時数え年で三七歳である。

この年の元日と二日は、藩士や庄屋達からの新年の礼をうけ、三日は謡初《うたいぞめ》である。四日は歴代の藩主の菩提《ぼだい》寺への参詣、その後は寺社からの答礼、さらに講書開き、甲冑《かっちゅう》や鏡開きなどの恒例の新年の行事が続いている。

一月二一日からは、藩主の楽しみである大郷山での狩がはじまる。狩は代々の藩主の娯楽で、頼欽も好んでいた。

狩は「踏立《ふみた》て」といい、百姓が動員される。一五歳から六〇歳までの者が残らず勢子《せこ》として、狩に参加するように命令される。もっとも形式上は、百姓の側から庄屋を通じて、殿様の御狩にぜひ参加したいと願いでて、許されるというのが慣例になっている。

勢子は、享保一五年（一七三〇）の狩には一三四六人、宝暦八年（一七五八）には一〇七〇人が集められている。人口の約一割という膨大な数であるが、百姓にとっては大きな負担で、次第に病気や様々な理由をつけて参加を拒むようになる。

狩は、作物を荒らす猪や鹿を捕えて百姓の難儀を軽くし、藩士の軍事訓練もかねる重要な行事とされているが、代々の藩主の趣味であった。この年の一月二六日に実施した狩では、獲物は鹿五匹と記録されている。四国のこの地方でも当時は鹿が多数生息していた。

狩での些細な出来事も記されている。勢子の大将に任命された石黒甚右衛門が藩士を指揮している時に、羽織に綿入れを着た男が紛れ込んでいた。狩場には似合わない服装なので、不審に思った藩士が、どこの村から来たのかと問いただした。要領を得ない答を繰返すので、曲者《くせもの》として逮捕した。

訊問《じんもん》すると、この男は他領の立石村平三郎といい、六年前から故郷を出奔して紙すき職人や猟師をして放浪していると答えた。無宿者であるが、誰かに危害を加えるためでなく、狩を見物するためだったという。恐れ入りましたと謝ったので、領外に追放したと記録されている。

二月になると、頼欽は新居郡を検分すると言い出している。日常の政務を執るのではないので退屈していたのであろう。領地の民情を視察するというのが名目である。

新居郡は御館のある周布郡の新屋敷村から東へ一〇キロほど離れた飛び地である。新居郡は上嶋山村、半田《はんだ》村、大生院《おおじょういん》村、萩生村の四ヵ村からなりたっている。御廻領とよばれている藩主の巡察に先だって、各村へ通達がだされた。これには、

一、新居郡を御廻領の時には、御供の者達への食事は、一汁一菜で小魚を用いてもかまわないというのは一昨年の通達である。

去年は日照り続きで、村々も困っているときいているので、今回は小魚を用いず、鰹節《かつおぶし》でよいことを通知する。これをよく守るようにせよ。

ただし、御目見得《おめみえ》（正月に御館へ礼に参上することを許された者達）以上の者には、酒を少々飲むことを許可する。これ以下の者は酒をかたく禁じる。
一、夜具をそろえるのは困難であろうから、粗末な品でもかまわない。
一、全体にわたってがさつな態度をとらないようにせよ。

と書かれていた。

二月四日に、頼欽は御供揃いをして、駕籠《かご》で御館を出発。家老代理の竹花堅蔵《けんぞう》（正式には竹鼻堅蔵。正脩ともいう。会所日記には竹花となっている＝増川）と御用人の近藤左源太、免取左軍次がお供に加わった。

藩主が新居郡を巡回するのは、小松藩にとって喜ばしいことではなかった。飛び地なので当然ながら西条藩領を通らねばならないからである。西条藩に御廻領を通知し、西条藩では通過する領内の庄屋達へ連絡しなければならなかった。

頼欽は西条藩の村々の庄屋や組頭の出迎えをうけ、そのうちの一人は正装して小松領新居郡までつき従った。

藩主の行程は、最初に訪れた上嶋山村でひと休みをして、半田村の庄屋宅へ立寄る。そこで庄屋達へお酒を賜る。夕方には萩生村の庄屋宅へ到着し、夜は宴会になる。

宴会は「御伽衆《おとぎしゅう》の見阿《けんあ》も召し出され、御茶の御慰みあり、夜半まで続く」とある。小松藩にも伽役《とぎやく》（話芸にたけた大名の雑談相手）がいたことが初めて記されている。僧籍の者で余暇の旅行として随行していたのであろう。

「御茶の御慰み」は通常は茶の産地や品種を当てる一種の賭事《かけごと》であるが、そのために夜遅くまで興じたのかは、不明である。

翌日の二月五日は四つ時（午前一〇時頃）に萩生村を出発して、青木谷道を経て、大生院村に到着、出迎えの庄屋や隠居達に御酒を下さる。また、年少の親孝行な者達や高齢者達を召し出してお褒めの言葉を賜る。

その後、西泉《にしいずみ》を経由して夜には小松の御館へ御帰館になる。むろん西条領内では往路と同様に庄屋達がお見送りをする。

狭い土地なので、僅か一泊二日の巡回旅行である。

殿様は満足したのであろうが、藩士達は後始末に忙殺されている。西条藩へ無事通行できたことの挨拶、道路を清掃し送迎に出向いた西条藩領の庄屋や組頭への褒美の伝達などをただちにおこなわねばならなかったからである。

廻村が済むと、頼欽は「殿様の御押《おんお》しかけ」をおこなっている。これは主だった家臣の家を訪問することで、特別な行事のない時の殿様にとっては恰好《かっこう》の暇つぶしである。

それゆえ、「御押しかけ」はあらかじめ日程が決まっているのではない。藩主は側近の誰かれに「ゆっくり茶でも飲みたい」と声をかける。家臣達のほうでも、殿様の御成《おな》りは名誉と思っているので、「自宅の庭の花が今は満開でございます」などと水をむける。

二月一〇日に、藩主は家老の喜多川舎人宅を訪れている。舎人は隠居部屋へ藩主を招き入れてお茶を献ずる。

随行していた竹花堅蔵と医師の飯塚外記《げき》も同席する。その後は、吸物、肴六種、御酒などを差上げ、舎人の家族も相伴を仰せつけられる。藩主の一柳家と代々の家老の喜多川家とは血縁関係にあるので、舎人の妻子も頼欽の親戚にあたり、私的な訪問の際には食事に加わっている。

この一〇日ほど後に、殿様は家老代理の竹花堅蔵の家を訪れている。舎人の場合と同様に、堅蔵も上下《かみしも》を着用して門外で出迎え、御茶と食事を差上げる。雑談などで時を過ごしてお帰りになる。

三月になると藩主は参勤交代のため、江戸へ向けて出発している。

藩主の在郷時の行動はこのようなものである。

この前年には、頼欽は代々の藩主と同様に暇つぶしのための行事をおこなっている。記録では山萩の花見、菩提寺での御茶の稽古、横峰神社への参詣のための登山、ここでの茶会や謡曲の会、その際の書画の鑑賞などである。


一柳家は三代藩主の直卿が能筆家として知られていたが、六代目の頼欽は余暇が充分にあってもさほど高度な教養を身につけていなかったようである。

代々の藩主は狩を好んでいて、季節によって「雲雀《ひばり》取り」や秋の「大鳥御用」（鶴猟）も催された。当時の小松領内には黒鶴や真鶴《まなづる》が多数飛来してきていた。正月の藩士総出仕の時には「鶴の御吸物」を一同に賜ることもあった。年末には兎狩りもおこなわれていて、伊予地方は豊かな動物の棲《す》んでいた地であったことを裏づけている。兎狩りは薬の兎《と》血丸《けつがん》をつくるための御用兎狩りである。もっとも、その後は食用にされたのであろう。

藩主の最大の任務は、家系を絶やさないための世継ぎをつくることであり、通常は江戸に正妻が住み、国元には側室を置くのが恒例であった。小松藩でも明らかに側室の子供が藩主になっている例も少なくない。

しかし記録でみるかぎりでは、多数の側室を置いてぜいたくな生活をしていた形跡はみられない。財政上の制約からも豪奢《ごうしゃ》な暮らしは許されなかったのであろう。小松藩が長期に続いた理由の一つは、幸運にも世継ぎが途切れることがなかったことである。

会所日記には、直接に藩主の行状にふれたものではないが、興味深い記事があるので紹介しておく。

寛政五年八月五日

一柳順次郎殿は、江戸から小松に御到着の後は、次第に様子も良い方向にむかい手習いなども少しずつなさっていた。

近頃はまた様子が悪くなって、追い追い江戸での状態に戻られた。それで黒石又八がことあるごとに意見を申し述べているがいっこうに聴き入れることはなかった。それで祐左衛門も順次郎殿を諫《いさ》めたが、聞いておくというだけだった。

近頃は順次郎殿は袋を沢山用意され、夏や冬の衣類をはじめいろいろの物を袋に詰められているのを瀧蔵が見つけた。

今朝、又八へ、江戸へ出立したいので願い出てくれと申された。すべての生活が窮《きゅう》屈《くつ》なので、気ままに下々の者達のような暮らしがしたいという理由である。

順次郎殿は犬の仔を踏み殺したり、柱に刀で力まかせに切り込んだりして、様子がはなはだよろしくない。相談のうえ、やむを得ず前もって用意していた囲いの中へひとまずお入り下さいと、又八から申し上げた。そしてただちに囲いの中へ入れ置いた。

寛政五年八月二十日

一柳順次郎殿は、囲いの壁を一尺（約三〇センチ）ばかり、茶碗の縁《ふち》にて切ったということを黒石又八から報告してきた。早速に修繕した。

一柳順次郎が六代藩主頼欽の実子なのか定かではない。記述はこれのみなので詳細は不明であるが、江戸での行状が良くないので、国元の小松へ送られてきた。寛政五年に何歳であったのかも不明であるが、同じ年頃の黒石又八――元服前の幼名であろうか――が教育係か学友としてつけられたのであろう。

身分上の制約からか、不自由に感じて、下々の者と同様に自由で気ままな生き方を望んでいた。それが実現できないので、かんしゃくをおこして、あたりちらしていたのであろう。

江戸へ帰りたいと言いだすと、ただちに監禁されている。囲いというのは座敷牢《ろう》のようなものであろう。殿様の子供がすべて聡明《そうめい》で品性の高い者ばかりではなかったという具体的な証明である。

公儀測量役人

文化二年（一八〇五）一〇月二〇日、西隣りの松山藩から連絡があった。

公儀測量御役人ならびに随勤の衆中、諸国巡行これあり、このたび右の人々へ無賃の人馬下され候間、往返共に滞りなく差出す旨、大洲表よりの触れ書写し到来に付き注進いたし候。日合《ひあい》の儀は当月《(ママ)》七日、八日頃に大洲到着の由、左候へば当表（松山）へは来る十一日か十二日にお渡り相成るべき趣、右心得のためお知らせ申し候

寝耳に水の突然の連絡で、大変な衝撃であった。幕府の測量役人がすぐ近くまで来ていて、小松領内に来る可能性が大きいという。

大洲は松山藩の南端に位置して土佐《とさ》藩との国境に近い。

常々小松藩は西隣りの松山藩、北の今治藩、東の西条藩とは連絡をとりあっていた。「知らせ合い中」という夫々《それぞれ》の藩の庄屋どうしでの連絡網があった。とりあえず写しをとって今治藩と西条藩にこの旨を知らせた。松山藩には礼状と共に、御一行の巡路はどのよ

うなもので接待の程度を知らせてほしいと依頼した。松山藩内を測量するのなら当然小松藩内も測量するので、すぐに対応しなければならなかった。

これが数年も続く頭の痛い問題の始まりだった。

その後も矢継ぎばやに松山藩に問い合わせたが、返ってくる書状はどれも要領を得ないものばかりだった。小松藩の幹部は焦慮した。

暫《しばら》くして判明したのは、この年の測量は岡山から周防《すおう》、長門《ながと》までで御一行は江戸へ帰られたとのことであった。翌年も翌々年も小松藩では測量巡行の御一行が来られるのではないかと予想したが、近隣の藩からは何の連絡もなかった。

文化五年（一八〇八）三月一〇日に、今度は東の西条藩から連絡があった。

公儀天文方御役人は海岸測量御用のため正月二十五日に江戸を発足された。（中略）大坂から渡海して淡州岩屋（淡路島）へ、測量相済み次第に阿州（現徳島県）から土州（現高知県）へ引き移り、伊予（現愛媛県）の島々を測量、それより讃岐（現香川県）の塩飽島・真島・小豆島、そして同所より播州（現兵庫県）の室津に渡海、西国《さいごく》街道《かいどう》の測量に掛る。

このように大坂から淡路島を経て四国を廻《まわ》り「伊予の島々」と明記されていた。これは幕府勘定所より阿波《あわ》藩御留守居へ知らされた情報であった。

この三日後に今治藩からも同様の知らせが届けられた。江戸からの情報は意外に速《すみやか》にもたらされた。この時の判断は大坂着は三月一四日か一五日頃と推定された。

四月一四日に、小松藩へは測量御役人一行の先触れが隣領の三津屋《みつや》村に到着したという知らせがあった。いざ本番と藩士達は勇み立った。なにしろ事件のない領内である。測量御役人とはいえ、れっきとした幕府の御用である。万一粗相でもあれば大変な事態になる。万端の準備が始まった。

応待する役割分担が決められた。奉行森田五右衛門が臨時の「浦奉行」を兼任することになった。総世話人は庄屋の近藤伝八、測量御役人付き添いは勘定方桑原徳蔵と徳永甚四郎、大宿《おおじゅく》へ出張当日の御宿詰は佐伯市郎右衛門と佐名木源吾、小屋作り担当は元山助右衛門と青山為右衛門に命じられた。

御用掛の黒川丹次は、松山藩で測量や地図製作の経験のある堀内五左衛門他三人と会い、測量役人が来た時の応待について詳しく聞いてきた。丹次はこれを『諸事心得伺帳』と『聞合せ断り書覚之帳』にまとめて会所に提出した。これに基づいて具体的な準備が進められた。

役割分担はさらに細かくなった。八月五日の会所日記には次のように記されている。

海辺の御調査には満潮時には舟を用意し、干潮時には徒歩での御巡行に備えるため、歩行橋土俵（積み）などは桑原徳蔵へ、入り用精算方は徳永甚四郎。所用道筋の担当は佐伯市郎右衛門、より（葦《よし》か＝増川）刈方などは佐名木源吾へ。同じく兼帯は青野仙蔵。

これは道路や川筋の整備や蘆《あし》刈りなどで巡行御一行に不快の念を抱かれないようにするためであった。しかしこのためには人足が必要なので、各村へ使役が割当てられた。

人足五十人は新屋敷村、同四十人は北条村、四十人は吉田村、二十人は周布村。

であった。これからが小松藩らしいまことに細かい準備である。やや長文の会所日記の引用であるが、次のように記されている。

測量御役人一行の休息所として北条村、広江村、今在家村へ各々小屋を一軒建てる。

一間半に四間の大きさ、よしず掛、手洗所つき、接待用として殿様用の松茸十七本が下賜された。

梵天竿〝二十本〟、また木　七十本は長さ二間、掛け矢　三挺は片手打ち。杭　十本で六尺杭真っすぐの物。幟竿五本は長さ二間。途中でお休みの腰掛は三脚、幅一尺長さ一間のもの。大吹き流し竿一本、長さ七間ぐらい。以上は森田綱蔵に命ず。

待機しているにもかかわらず一向に測量御役人が来る様子がなかった。御一行の動向をつかむために飯尾五郎八と黒川丹次が松山に派遣された。そこで御役人達は大洲《おおず》に御滞在中と聞いた。ただちに二人は大洲に向かった。

運よく測量方の下役と会うことができて、測量の手順などを教えてもらった。さらに測量方御役人の坂部貞兵衛殿にも面会できた。そこで問われるままに小松藩領の海辺は約三〇丁（約三キロ）でそこから城下まで約一里（約四キロ）と答えた。これは誤りか。実際は一五丁（約一キロ半）ほどである。貞兵衛は、浜から城下までの道がもし見通しが良いのなら「見込み」という方法で済ますことができると聞かされた。「見込み」がどういう方法かよくわからないまま、宜《よろ》しく御願い申し上げますと述べて引き退《さが》った。

この時にごく短い時間であったが、体調がすぐれないと休んでいられた伊能《いのう》様へも御機嫌伺いに面会できたので、両人は報告のため急いで帰藩した。

いよいよ御到着と思っていたのに来藩は引延ばされ、ようやく八月二二日に今治の測量役人御宿所で最終的な打ち合せがなされた。

小松藩は御徒士《おかち》目付の下役の廻《まわ》り方《かた》二名を昼夜交替で警備に当たらせた。測量地点と思われる場所への人々の立入りを禁止するためであった。

八月二三日の会所日記には一行への進物が記されている。岡田仙蔵が書いたものである。

晒木綿《さらし》　五反　伊能様へ　一反につき百疋の積り
同　三反づつ　秀蔵様御下役四人へ
同　二反づつ　御内弟子二人、御若党庄作へ
銀　三匁づつ　竿取両人へ
銀　二匁づつ　小者五人へ

一行は一五人であったことがわかる。なぜか、この仙蔵は最初の案であったのか後の会所日記には別の記述がある。

伊能様へ羽綿三把、同じく二把は稲生秀蔵様ならびに御下役四人、同じく一把ずつ御内弟子両人へ、と改められている。言うまでもなく晒木綿や羽綿は名目で、銀を差上げる予定である。訂正は伊能様は「大層な接待」を嫌われるという情報を得たからとしている。

今日か明日か、と毎日出迎えの松が鼻休憩所まで浦奉行の森田五右衛門らが出張したが一向に御一行は現われず、ようやく八月二五日になって、伊能様と秀蔵様が御不快なので延引するとの報がもたらされた。

伊能忠敬《ただたか》はこの時に六三歳、当時としては高齢であった。二五日の夜になって先触れが来て、明日御出立、今在家村でお泊りの予定と知らせて来た。但し雨天ならば順延、海辺の調査は船になるかもしれぬが、まずは街道筋へ継ぎ送りの人馬を用意されたしとも伝えた。

会所日記の文化五年八月二六日の条、

晴。測量方は坂部貞兵衛、芝山伝兵衛、内弟子一人、竿取り一人、家来二人の都合六人で測量にかかり、松が鼻の小屋で休息された。茶漬け、平ひたし物に菓子も御出しした。

肝心の測量の記述は僅《わず》かこれだけである。

御不快と聞いていた伊能父子に面会した森田五右衛門は、会所に次のように報告した。これも会所日記に記されている。「忠敬様は巡行に出てはや九年にもなる。時々は江戸へ帰るが短い休息でまた各地に出なければならない、と愚痴めいたことを洩らされた。進物については、御辞退申し上げるのも失礼なので有難く頂戴いたしますと申された。しかし誤解されて、藩からの進物なのに御上《おかみ》から下されたと思われていた」。

浦奉行は藩からの進物と主張するのも不審に思われるので、あえて申し立てなかったと述べている。さらに会所日記の細かいことまで記す特徴であるが、「金銭の献上は幕府の諒解が必要なので、名産の羽綿を差上げますと申し上げると、有難くいただく、若党以下には鼻紙を渡してほしいと申された」とある。

長期にわたる準備と万全を期した応接は、あっけなく終わった。

二人の測量方は「見込み」という目視《もくし》だけで終えたようである。その日のうちに小松藩領を通過した。休息小屋も無駄になった。一行の慰労のための宴会費用を出費しなくてもよかったのは嬉《うれ》しい誤算であった。むろん、近隣の藩へは「御巡行は無事に終了した」と連絡した。

九月一二日に、江戸の幕府天文方高橋至時《たかはしよしとき》から旅先の伊能勘解由《かげゆ》（忠敬）宛の御用書が小松藩に届いた。白木の状箱を二重に油紙で包み、麻紐《ひも》で括《くく》られた書状であった。ただちに滞在先と思える丸亀《まるがめ》藩に飛脚が仕立てられた。

一一月二九日の会所日記に、「公儀測量御役人御通行諸入用」の勘定書二冊が佐伯貞助より提出されたと記している。これによると、直接の御通行費用に銀一貫八百二十三匁一厘、御滞在と複数の小屋を建てるのに要した費用は四貫百七十二匁一分であった。

現在の金額で一〇万円ほどであろうか、それでも藩にとってはかなり痛い臨時の出費であった。これが測量御役人に関する記事の最後である。

病をおしての伊能忠敬の偉業もさることながら、これを受け入れた表に出ない準備と忍耐強く待ち続けた人々のいたことも決して忘れてはならない。これらの人々の苦労も語り継ぎたいものである。

参勤交代

藩札発行にふみきらねばならなかったほどの慢性的な財政危機の一因は、参勤交代の旅費と江戸屋敷の維持費であった。

藩の財政を述べた折に説明したように、藩の年貢収入の約半分は、このために支出された。巨大な額である。

よく知られているように、参勤交代は江戸城の将軍家に忠誠を誓う行事である。各々の大名は江戸を訪れて将軍に拝謁するが、もし病気や他の理由で江戸に行くことを断った場合は、忠誠の度合いを疑われた。

うわべは将軍への忠誠という形式であるが、幕府の狙いは参勤の旅費で各藩の財力をそぐためと、江戸に藩主を住まわせて、いわば人質をとって各藩を統制するためのものであった。

それぞれの藩は、江戸に藩主滞在用の江戸屋敷を持ち、江戸勤務の家老を置いた。藩主が国元に滞在している時も、幕府との連絡など出張事務所として使われた。

参勤交代はたとえ規模が小さく禄高の少ない大名であっても、大名に義務づけられていた。小松藩も過大な出費であったが、改易をまぬかれるためには欠かすことのできない行事であった。

江戸参勤は二年ごとである。小松藩の会計帳簿をみると嘉永五年（一八五二）は参勤交代の年であったので、出費だけでなく行程も記されている。これによると、ほぼ毎回の参勤交代が推定できる。

出発は、むろん藩主の住居である陣屋からである。簡単な出発式ののち、船着場まで約一キロ半の道を隊伍《たいご》をととのえて行進する。二年ごとにおこなわれる藩士達の大パレードである。藩主は乗馬でなく駕籠で行く。

河原では町の年寄や村の庄屋達をはじめ町村の有力者達が総出で見送り、村人達も荷物の運搬に参加して、たいそう賑《にぎ》やかな歓送であった。

船着場は西条藩領の浜であったが、ここから大坂までは海上約三〇〇キロの船旅であり、藩船と雇い船に分乗して航海する。

大坂に着くと、藩の大坂蔵屋敷――商人からの借家であるが――で数日のあいだ休息し、伏見《ふしみ》まで川船で淀《よど》川をさかのぼる。伏見で船を下りて東海道を江戸まで陸路で行く。この間が大名行列といえる。海路陸路を合計すると、江戸まで約八〇〇キロの大旅行である。

大名行列は、たとえ一万石の小大名であっても、権威と格式を示さねばならなかった。

他藩とも比較されるので、できるだけ体裁をととのえるように努力していた。

それでも、小松藩の行列は総勢一一〇人ほどで、威風堂々とは言い難かった。随員としての藩士は三〇人ほどであったが、全藩士の半数近い数である。そのほかは荷物を運搬する小者達である。荷物は食料品や衣類とは別に、藩主が江戸でも使用する馬や駕籠、武具などがあるので非常に多く、江戸への引越し行列というほうが正確であった。

時代劇でみるように、大名行列は先頭に槍《やり》をささげ持った奴《やっこ》や小者が、「下《した》ぁにいー」と独特のかけ声をよびかけながら歩む、といった光景は稀《まれ》であった。ほぼ七割が荷物運搬の人数であり、道中で雨にでも降られると、黙々と進む場合が多かった。小松藩の場合も、気勢のあがらぬ運送業者の隊列と似ていた。

ちなみに大藩と比べると、一〇〇人ほどの行列が、いかにみすぼらしかったか判断できる。

加賀藩では、最も多い時の大名行列は総勢四〇〇〇人、通常は三五〇〇人の隊列であった。伊達家《だてけ》の仙台藩も三五〇〇人ほどであった。軍装をととのえ、いかにも大名行列といえるものであった。

小松藩の旅行に要した日数は、大坂までの船旅が平均して八日か九日、伏見から江戸までが一三日か一四日なので、大坂での休息をふくめると一ヵ月近くもかかっていた。一行の陸路の食費と宿泊費は、往路で六〇〇両から七〇〇両、帰りは藩士だけで荷物も減っているので五〇〇両ほどである。往復をあわせると一二〇〇両ほどとみなされる。藩としては大きな負担であった。

参勤の費用はこれだけではない。藩主が江戸に到着した時に、将軍や老中、若年寄など幕府の最上層部への土産品を差上げねばならなかった。瀬戸内海の名産である鯛《たい》の干物とほかに献上物を贈っている。嘉永五年の記録には、この費用だけで金九五両と銀五匁四分と書かれている。

藩主が江戸に滞在するので、幕府の行事への参加は当然であった。新年の祝賀や八月一日の八朔《はっさく》の行事には、将軍への贈物を差上げ、同格の大名——一万石かそれよりやや多い大名は少なくなかった——へも交際として贈物をしなければならなかった。このような交際費もかなりな出費であった。

藩主の江戸滞在中は、毎月一〇〇両弱の生活費が支出され、そのために藩主の江戸滞在の期間の費用や交際費を合計すると、銀二五〇貫（金で四〇〇〇両弱相当）が必要経費であった。

以上の巨額な費用のため、藩は領内の有力な商人や庄屋から金を借入れたり、上納金を提出させた。上納金は藩が返済する必要がないので、臨時の税金と同じであった。

上納金を負担した者達には、なかば強制的であるのに、「御上《おかみ》への忠誠心をお聞きとどけになり、上納の願いを許可する」という書面が渡される。褒美として終身の一代限りという条件で、苗字《みょうじ》や帯刀が許可された。

文久三年（一八六三）の例をみると、この褒美も細分化されて、五両以上の上納をした者は袴《はかま》をつけてよい、一〇両以上を上納した者は年始の挨拶の際に上下《かみしも》をつけてよい、となっている。五〇両以上を上納した者のみが苗字をつけてよい、と決められている。

参勤交代は藩にとって多額の出費であったが、随行した者達は武士も小者も旅の道中や江戸で見聞を広めた。国元の伊予では体験できない教育の機会であった。

しかしすべてが良い結果とはかぎらなかった。江戸まで参勤のお供をした小者のなかには、江戸に着くと逃亡した者があった。会所日記の寛政五年（一七九三）一二月七日の条《くだり》には、

江戸で出奔した小人の喜代次について、扶持として渡していた米を親から取上げようとしたところ、親元や保証人はともにはなはだ困窮しているという。それで米を出すことの代りに、親の宗八を下働きに召し抱えてほしい、と町役人から願い出てきた。

宗八は以前にも下働きを二年も勤めたことがあるので、そのようにせよと命じておいた。

このように書かれている。

喜代次は草深い田舎から出て、驚くほどの大都会である江戸に幻惑されたのかもしれない。ただ記述の年月をみると、小者に対しても俸給が引下げられていた時期である。喜代次は伊予に居ても将来は絶望的な状況と思ったのかもしれない。

身分が小者であったからか、藩として特別な処置はしていない。逆に息子の代りに父親を下働きとして採用している。喜代次がその後どうなったのかは、会所日記には記されていない。

参勤交代の随行は知識を深めただけでなく、数多くの人々に大きな影響を与えた。

第二部　領民の暮らし

駆け落ち

享保二一年（一七三六）四月、小松藩で一つの事件がもちあがった。四月一六日に、会所へ済岡利右衛門の妻が、昨夜「欠落《かけおち》」したという届け出があった。夫の利右衛門は、参勤の御供で随行し江戸に滞在していた。士分の者は藩全体で僅《わず》か一三〇人前後と述べたようにはなはだ少数であり、お互いによく識《し》りあっていたが、妻が夫の留守中に行方不明になるというのは異例のことであった。この妻は、前々から誰かれなしに媚態《びたい》を示していたのか、不行跡の噂がたえなかった。この年も、法事で訪れた僧侶《そうりょ》と密通した、と言いふらす者がいた。妻は失踪《しっそう》する前に、夫に宛て書き置きを残していた。会所記録はその文面を書き写している。これには、

何分にも覚えこれなく候へども、いろいろ申し訳もならざることに候。心外ながら立ち退き申し候。あとに残った老人のこと、よろしくお頼みいたし候。行く先を御詮議なされても、ただ知らずと申すべきことの由（以下略）

とあって、心ならずも立ち去ることにした、行先をお探しになっても、わからないとしか申し上げられません、という文意である。当人もどこへ行くのか、あてもなかったのであろう。

非難されたので、望まないが身を隠すという内容である。しかし藩としては、藩士の妻の行方不明は放置するわけにはいかなかった。ところが調べていくうちに、利右衛門の妻は町吉左衛門の倅《せがれ》の与市と駆け落ち（原文はすべて「欠落」）したことが判明した。相手は噂になっていた僧侶ではなかった。別の人物である。

藩は驚愕《きょうがく》した。

当時は、現代よりもはなはだ女性の地位が低かった。妻の不倫は厳しく罰せられた。幕府の『御定書百箇条《おさだめがきひゃくかじょう》』にも、「密通いたし候の妻死罪」となっている。死罪に該当する者を逃亡させたとあっては藩の面目は丸つぶれである。

ただちに追手がさし向けられることになった。

命令をうけたのは足軽以下の身分の小者《こもの》とよばれている者達である。名前は市平をはじめ伝内、銀六、太兵衛、七平、権介である。苗字《みょうじ》もなく、いずれも藩の雑役をしている者達である。追手のなかに藩士はふくまれていない。

ただでさえ藩士の数は少ないうえ、参勤交代でかなりな人数が随行していたので、在藩者はかぎられていた。そのうえ、他領にも出向くのが隠密《おんみつ》の探索であるので、もし追手の身分がわかった時に、藩士では不都合があったのだろう。

小者達は、捜索中は臨時に刀を携《たずさ》えることが認められた。町役の者も行先ごとに一名ずつ同行することになった。急なことなので、会所の下台所で食事をとり、握り飯の弁当と旅費が支給された。

出発に際して、松山藩、今治藩、西条藩宛に、藩からの公用出張である旨を書いた「添え状」が渡された。万一、見つけた男女に縄をかけるような事態になれば、必ず藩へ書状で知らせるようにと申し渡された。他領での逮捕には、外交上の折衝を必要としたからである。

銀六ほか三人は、北西の今治の町まで出向いて諸方を尋ね歩いたが、見つけることができないまま三日経って帰ってきた。しかし有力な聞き込みをしている。

今治の町で、同行した町役の者が顔見知りの百姓を見かけた。内緒の話で他言しないようにと告げたうえで、駆け落ち人を尋ねたところ、該当すると思える男女が二、三日前にやってきて、かくまってくれと頼んだ。百姓は、あまりにも小さい家なので泊めることはできないと答えると、そのまま立ち去ったという。一行は人相や服装などを詳しく聞きだした。

百姓は、「今治の船場を探してみてはどうか」と助言した。この時節は大三島《おおみしま》に市《いち》がたつので人々の出入りが多く、人別の吟味もゆるやかになっているので、お尋ね者が潜伏することも多いからだという。

大三島は瀬戸内海にある芸予諸島の一つで、島内に大山祇《おおやまつみ》神社がある。神社の門前町で市があり、諸方から人々が集まるので有名であった。銀六たちはさっそく今治の船着場へ行き、煮売り茶屋や出帆しようとする船の中まで立ち入って調べたが、めざす相手を発見することができなかった。このような報告であった。

銀六らが帰ってきた深夜に、東に向かった組と伝内らの組も帰ってきたが、いっこうに手がかりもなく、疲れはてていた。

翌朝、一同で今後の探索について相談した。今治で有力な聞き込みがあり、大三島へ逃げた可能性も大きいので、今度は二組に分れて今治と大三島に向かうことになった。小者達であっても藩命なので、藩船の八挺櫓《はっちょうろ》の「小早船《こばやぶね》」に総勢で乗り込んで出発することになった。

新たに探索に加えられた者達もいた。利右衛門の弟の利介と利右衛門の実家のある半田村の者である。当然の人選であろうが、記録ではこのほかに、北条村、角力取り　朝嵐、巧者　町十兵衛、案内者　すいほうの山伏が指名されている。

藩では最も有力な人選をしたのであろうが、理由は説明されていない。相撲取りは駆け落ち人が抵抗した場合に取りおさえるためか、与市が相撲にかかわっていて、特別な人脈を尋ねるためか不明である。探索に熟達した者として「巧者」の十兵衛が選ばれたのであろうが、素姓や職業は書かれていない。山伏は大三島となんらかの関連があるのか、それとも誘拐や隠れ道に通じていたのであろう。「すいほう」は、その道に詳しいという意味で、「粋方《すいほう》」と書くのか、これも不詳である。

とにかく一同は会所へ集まって、この時も下台所から炊き出しをうけ、弁当を支給されて乗船した。

太兵衛、朝嵐、十兵衛らの組は今治で下船し、諸所を訪ねたが成果があがらず、松山藩まで足をのばすことにした。めざしたのは人の出入りの多い道後《どうご》温泉であった。温泉では浴客を探索することになった。予想があたって、人目を忍ぶ様子の男女が滞在していることを聞き込んだ。色めきたって当人達に会ったところ、残念ながら人違いであった。宇和島《うわじま》から駆け落ちをしてきた者達であった。温泉は追われる者も追う者も、誰しった。

もが考えつくところだったのだろう。

宇和島からの両人が言うには、最初は今治の町に潜んでいたが、たまたま大盗人が滞在しているというので役人の探索がはじまり、忍んでいるのが難しくなったので、道後へ来たのだと説明した。

さらに一行は温泉やその付近を訊《き》きまわったが、探しあてることはできず帰郷することになった。

大三島に向かった伝内や半田村の者も、熱心に尋ねまわったが、成果はなかった。とくに山伏は、知りあいの筋をたどって精力的に探しまわったが、結局は徒労に終わった。

大編制の捜索隊も、二組とも帰還しなければならなかった。

四月一六日の事件発生以来、一〇日間をついやしての探索もなんら得るところはなかった。これ以上に打つ手もなく、藩は密《ひそ》かに捜査中止を指示した。それ以後は「沙汰《さた》やみ」と記録されている。ただ、大坂蔵屋敷のほうへも事情を伝え、なんらかの情報があれば連絡するようにと命令している。

利右衛門の妻と与市は、逃げおおせた。

四月二八日、藩船泰丸で、江戸参勤の御供をした二二人が帰着した。一行のなかに済岡利右衛門もいた。船着場で妻の密通を聞くと、その場で御暇《おいとま》を願い出た。これ以外にとるべき道はなかったからである。

二日後の会所記録には次のように記されている。

享保二十一年四月晦日《みそか》

一、済岡利右衛門、妻が町吉左衛門の倅と欠落の一件につき、利右衛門は妻敵《めがたき》討ちを願い出る。

妻敵討ち（または女敵討ち）とは不倫相手を討つ慣習で、幕府や藩も復讐《ふくしゅう》を制度として許可している。

利右衛門は武家屋敷に起居していたが、周囲の目もあり体面上もいたたまれなかったのであろうか、妻敵討ちの御暇が許されると夜道にもかかわらず半田村へ急いだ。親に別れを告げ、旅の支度をするためであった。

その後の会所記録には、このように書かれている。

七月十日、老父を不憫《ふびん》に思《おぼ》し召され候、利右衛門が本望を達し候はば、追って帰参の願いもあるべく候。（中略）九月より一人扶持のところ、二人扶持下され候。

利右衛門の父も藩に勤仕していて、退職後は一人扶持《いちにんぶち》をいただいていた。それを二人扶持に増やすと決められた。利右衛門の俸禄《ほうろく》は受けとる者もなく、支給は停止された。

その後の利右衛門の消息はまったく記されていない。妻と不倫相手を探し求めて、あてのない旅を続けていたのか、旅の途中で病死したのかも不明である。

不倫と情死

利右衛門の妻のように運よく逃げおおせた者もいる。隣領でも同様の事件があった。会所日記の宝暦八年（一七五八）一一月の条《くだり》には次のように書かれている。

一一月六日の夜、松山藩領石経《いしきょう》村の庄屋安藤久左衛門の妻が、同村の組頭の倅と密通して欠落したことが急報されてきた。これについて藩内に触れ書きを回した。文面は左の通りである。

当御領内の村々、右の者共が御領内の村へ参り候へば、訴えいで申すべく候。右の女は瀬川周育の惣領娘で、安藤久左衛門に再嫁した者である。よって御領内にかたときも足を留めさせては、松山藩にあいすまざるゆえ、以上の通りあい触れるなり。

つまり、瀬川家は小松藩から代々禄をうけている藩医である。この家の娘が松山藩の庄屋と再婚したが、逃げた娘が実家をたよって落ちのびてくる可能性が大きい。そのような場合には、召捕るのではなく、とにかく小松藩の領外に出すようにせよ、という通知である。

隣藩に気がねしながらも、藩医の娘であることを考慮した触れ書きである。

会所日記には、その後の藩医の娘についての記述は見あたらない。領外で捕まったのか巧みに逃れたかも不明である。しかし少なくとも、小松藩内で捕えられなかったことは確実である。

いつの時代でも、そしてむろん小松藩内でも男女の関係がうまくはこぶとはかぎらない。やむを得ず情死という方法で、結末をつける場合もある。藩の情死についての処置は、みせしめのためか、死体を道端などで公開する、つまり「晒《さら》す」ことが定められていた。ただ、二人とも死なかった場合は、はなはだおだやかな措置である。一例を挙げると、宝暦五年七月二七日の場合である。

大生院村の大野山で、男女二人が相対死《あいたいじに》をはかったが、どちらも死にきれずにいるところを村人に発見された。大生院村の庄屋から藩に届け出があったが、「傷をしているのなら養生するようにしてやれ、その間は村預けにする」という寛大な処理である。二人とも生存しているので、誤って互いに傷を負わせたという喧嘩《けんか》よりも軽い措置である。藩は労働力を失いたくなかったと考えられる。

しかし、明和八年（一七七一）の場合は厳しい措置である。会所日記には、

新屋敷村の天王という場所の田の中で、相対死が発見されたという届け出が村役人からなされた。男は南川村の儀八郎、女は儀八郎方に奉公している町の者で、昨夜そこで心中していたのを、今朝になって発見したのだという。

御徒士目付《おかちめつけ》の森田斧右衛門を新屋敷村にさしむけて調べさせたところ、女は左右から袈裟《けさ》がけに斬られ、男は喉笛《のどぶえ》をかき切って死んでいた。相対死にまぎれもないと判断された。女は三助という者の妻で、吟味をすすめていくと、さる二四日に離縁していたことが判明した。村役人と町の年寄も共に離縁していたことを証言した。

この処置は、男は「一日晒《さら》し」、女は「三日晒し」と決められた。日数に差があるのは、

主人と奉公人という関係であったので、たとえ男女関係であっても、そしてどちらが誘惑したのかは問題でなく、女のほうが身分を超えたと判断されたからであろう。

検死が済んだ後で、死体は南川村《みなみがわ》で晒しものになり番人が付けられた。立札の文面は次の通りであった。

南川村　儀八郎　四十七歳
儀八郎下女　小松町やもめ　きわ　十九歳
右の者ども二十四日に新屋敷村の内の天王において相対死まかりあり候につき、主人の儀八郎は当日の晒し、のち死骸は取り捨て。
下女きわは、きたる二十七日まで晒し、のち死骸は取り捨て申しつけるものなり。
明和八辛卯年三月二十五日

同様の処置は寛政三年（一七九一）五月一五日の会所日記にみえる。

萩生村の庄屋飯尾治右衛門が役所に報告したところによると、同村の組頭甚助の倅の久吉が、先月二三日に下女を連れて家出して、治右衛門の持っている北山の林番を訪れたという。林番の知り合いが金子村《かねこ》にいるので、かくまってくれるように頼み込んだ。

金子村では、林番の知人の者の納屋に隠れ、昨日の一四日まで逗留《とうりゅう》していたことが判明した。朝になっても納屋の戸が開かず、応答もないので無理に戸をこじ開けると、出立したのか二人ともいなかった。すぐに萩生村まで通報があったので、庄屋が役所に届け出たという。

その頃、ある百姓が萩生村へ行こうとして、かろうど池という名前の池のそばを通りかかったところ、堤に脇差と鼻紙入れが落ちているのを見つけた。

不審に思って村役人に伝え、村人達が池の中を探ると、水中に人が沈んでいた。筏《いかだ》を組んで水中から引揚げたが、すでに二人とも死んでいた。

検分のため御徒士目付の棚橋定右衛門が派遣され、下女は萩生村の喜平の娘ゆきであることがわかった。

これも「晒し」になり、立札には、

萩生村百姓甚助倅　久吉　二十四歳
同村　喜平娘　ゆき　十八歳
右の者ども昨日の十四日の夜、かろうど池にて相対死いたし候につき、十七日まで晒し申しつくるものなり。

寛政三年辛亥年五月十五日

この決定は、同じ百姓という身分であるが、ゆきは奉公人であったので、主家の者との男女関係は不義と判断されたからである。会所日記には、この件についての晒しの処分は、久吉の父の甚助と叔父《おじ》の次郎右衛門が連印で承認したと付け加えている。

この年の八月にも相対死があった。

八月一七日に、大生院村の正法寺の縁側で、萩生村の又平の息子で二三歳になる吉太郎と、大生院村の浅太郎の後家で二六歳になるてつが相対死していた。吉太郎は喉をかき切って縁の下に転げ落ちていて、てつは腹に突疵《つききず》が一ヵ所と喉に一ヵ所の疵があった。

届け出により、御徒士目付の棚橋定右衛門（前述の時と同じ人物で、検死を担当していたのであろう）が検分したところ、相対死という届け出であったが、二人がそれぞれに自害したと判断した。

女は刃渡り一尺八寸（約五〇センチ）の脇差で腹を突いてから喉を自分で切っていた。

男は九寸五分（約三〇センチ）の刃物で腹を突き、それから喉を切っていた。

役所に双方の親類をよび出したところ、いずれも「どのような処分をうけても異議を申しません」という供述書に印を押した。二人は相対死として処理されることになり、大生院村の松林で一九日まで晒すことになった。萩生村と大生院村からそれぞれ四人ずつ番人が出された。

当時、罪人の死骸《しがい》はあいかり山へ捨てるきまりになっていたが、村役人に二人の親類が下げ渡していただきたいと嘆願してきた。この願いは聞きとどけられ、相対死は「無かったこと」とされた。二人とも、めいめいで自害したという解釈であろう。

この三ヵ月後にも、男女関係のもつれとみなされる些細《ささい》な事柄が記されている。

一一月一二日の夜、新屋敷村の百姓次郎左衛門の馬小屋の軒下で、女が男児を出産したという届け出があった。

この女は、阿波の国（現徳島県）高知《こうち》村の百姓吉助の娘のひさと名のった。

近所の者が親子を見つけ、粥《かゆ》などを食べさせ、佐吉という者の家で養育した。女が事情を語ったところによると、高知村の密通の男と共に出奔しようとしたが、途中で男に見捨てられたので、独りでたどりついたのが新屋敷村だったという。

数日して女は帰郷を申し出た。藩は即座に「勝手次第にせよ」と許可した。留めおく理由がなかったからである。

これもまた、男女関係とみなされるが、証拠もなく、はなはだあいまいな記述もみられる。寛政年間よりはるか以前の享保一七年（一七三二）六月のことである。

上嶋山村を流れる早川の河原から、鷹《たか》が飛びたつのを野良に出ていた村人が見た。しばらくして鷹はまた同じ場所に舞いおりた。不思議に思って河原へ下りてみると、大きな石の下に女が入れられ、隠すように周りに小石が積まれていた。鷹が狙っていたのは女で、すでに死んでいた。

発見者の村人から庄屋を通じて、役所へ届けられた。御徒士目付の中村勝右衛門と戸田五右衛門が現場へ派遣され、検分した報告によると、女は二四、五歳くらいで、石で打ち殺されたようだという。

早速、周囲への聞き込みがおこなわれたが、近隣の四ヵ村では心当りの者はないという。どこの国の者ともわからないので、とりあえず死骸を片づけて、道に札を立てておけという指示が役所からなされた。

いっこうに申し出る者もなく、女は身元不明とされた。

立札が立てられた頃、半田村の三三歳になる文次郎という男が包丁を持ちだして自分の腹に突き立てた。出血多量で翌日に死んだが、息のある間に、親類の者や組頭が、なぜ自殺をはかったのかと訊いた。男の言うことはつじつまがあわず、訳のわからぬことばかり口ばしるので、「乱心者」として葬られた。

立札の噂を聞いた者のなかには、女を殺しての後追い心中と思ったが、証拠もなくて役人に申し立てる者もなかった。また半田村では、昨日まで正気だった男が、今日になって気がふれたのは、きっと妖怪《ようかい》の仕業《しわざ》と言いたてる者もあった。

不思議の記述

現代と江戸期の違いの一つは、珍しい奇跡や不思議な奇談の多いことであろう。会所日記にも村々からの報告のなかで、なぜかわからぬ事柄が幾つか記されている。例えば次のようなものである。

天明二年（一七八二）一月十八日

この間、新居郡の廻《まわ》り方《かた》からの報告によると、上嶋山村の地蔵が原にいる文蔵という百姓の娘にまつわる奇談の噂があるという。

文蔵は貧しい百姓で、家計を補うために妻も奉公に出ていたが、当月二日から病気になって寝込んでしまった。十六歳になる一人娘が母親の平癒を願って、地名の由来になった、祀《まつ》ってある地蔵に毎日参詣した。

娘はこの八日頃から、地蔵の前の路で銭の落ちているのを拾ったが、それから毎日、同じような場所に銭が落ちているのに気がつくようになった。これまでに十七、八匁も拾ったが、母親も参詣の効きめがあったのか病気も次第によくなってきた。

一月に地蔵へ行く路はあまり人も通らず、まして銭を毎日落としていくことはないはずと、真偽をたしかめたいので村の者達が娘につき添って行くことになった。その者達には見えないのに、娘だけが落ちている銭を見つけて拾っていることが、大勢の目の前でたしかめられた。不思議なこともあるものと、廻り方の話を聴いた御徒士目付の矢野大蔵が、昨日、地蔵が原を見廻りに出かけた。

会所日記には、この結果がどのようであったのか記されていない。

寛政六年三月二十五日
千足山村の中村貞五郎の妻が、怪しい薬をひろめているという報告が廻り方の者よりあった。それで、その妻を白洲によび出して尋ねたところ、次のように申し立てた。

もう五年も前のことになりますが、願《がん》をかけたいことがありまして、他人から銭を三十文借りて旅に出ました。独りではございません。誘いあって知人と皆で四人でした。

最初に町（領内で町とよんでいる御館近くの商店がたち並んでいる場所。この路は金比《こんぴ》羅《ら》参りの街道の一つでもある＝増川）のさぬき屋多平のところに一泊いたしました。

翌朝、ふと気がつくと懐《ふところ》に二文の銭が入っていました。同行の者は銭を失ったこともなく、むろん、私の懐に入れた者もございません。その翌日も、また次の日も泊まる場所は別なのに、朝、目がさめると懐に二文の銭が入っておりました。もらった覚えもなく、なぜかわからぬままに、同行の者達に銭を分け与えました。

阿波（現徳島県）までまいりましたところ、小遣いも無くなって困っておりました老人と同宿いたしました。遍路とみうけましたが、大層難儀をしているように思えました。

前に申しましたように、泊まるたびに二文の銭が増えていましたので、溜ったぶんの銭を老人に与えようと考えました。恐縮して辞退するのを、無理に押しつけるように渡しました。また、ひもじい思いをしないようにと、四人分の弁当も与えました。

付添って世話をしながら同行しようと思いましたが、私共も予定がありましたので、気にかかりながらも別の路をたどって、一行は無事に帰宅いたしました。

これも御大師様の教えにむくいるおこないと、施しのできたことを有難く思って、その後もますます信心するようになりました。


ここまでが供述の前段階である。四国という土地柄、たぶん願をかけて遍路に出たのであろう。さして珍しいこともなかったようで、誘いあわせて四人で寺々を巡ったものと思える。原因はまったく不明であるが、毎日懐に二文ずつ入るので、困っている老人に気前よく喜捨《きしゃ》したのであろう。これからが白洲《しらす》によび出された本題である。


今年の正月十三日に、十二、三歳とみえる小僧が、手覆いや脛《すね》に巻いた脚絆《きゃはん》までも真っ白な旅装束で私を訪ねてきました。

その小僧が言うのに、「四国を巡礼する人々は多いが、他人にも良いように自分も良いようにと思って廻る者は汝《なんじ》一人だけである。それで褒美としてこの品物を与える」と言って立ち去りました。

妙なこともあるものと、品物の包みを開けてみると、白い粉を固めた梅干しぐらいの大きさのものが一つと弘法大師の姿を描いた絵がありました。また紙にくるんだ蛤《はまぐり》の大きいのが一つ入っていました。

小僧は帰る時に、「白い塊は汝もいただいてよく、もし希望する者があれば分け与えてもよい。蛤は汝に与えるもので、三月になると吉兆があらわれるであろう。このようにして御大師様の信仰を弘《ひろ》めよ。もし、白い塊や蛤の中にある薬を望む者が無ければ、他人に与えることなく汝の御守りにせよ」、とこのように告げました。

しばらくして三月になりましたが、私はいつものように御大師様の絵姿をかかげて礼拝しておりました。三月になりました。三月の十三日になって、蛤の包み紙の中に「大」と書かれた赤札一枚と銭三文が入っているのを見つけました。

不思議なこともあるものと思っておりますと、蛤をさわると首から上の病に効くことがわかり、白い塊は首から下の病気に効くことがわかりました。

私から薬効のあることを触れまわったのではございません。ただ、病がたちどころに癒《なお》るので、もし困っている人があれば、助けてあげたいとは思いました。誓って申し上げますが、私から人々に知らせたのではございません。

しかし、どこから聞きつけてきたのか、私の許に訪ねてくる人達が次第に増え、先日の三月二十一日にはなんと七、八百人もの人達が集まってまいりました。この人達は御大師様の絵に散銭《さんせん》（賽銭）として二文か三文を供え、なかには十二文もお供えした人もありました。

私はこれもひとえに御大師様の御徳と思って一層に信心をあつくし、食事も一日一食にして精進を続けております。

私には信仰以外になんの他意もございません。

小さな村で七〇〇―八〇〇人も集まるというのは大事件である。領内の人口の七％余の群衆とは驚くほどの多数である。もとより、江戸時代は何事によらず人々が集まることは禁じられていた。首謀者は重罪になる場合もあった。

取調べにあたった役人は、奇異なこともあるものだと驚いたが、どのように処理してよいのか判断できなかった。結局、信心のことなので、自分の一身の守りにしてはよいが世間に広めることは一切してはならない、と厳重に説諭して釈放した。

会所へは村役人を通じて、ことの次第が報告された。藩はこの措置を承認している。

寛政一二年三月二八日にも、会所には奇妙な話が報告されている。

足軽の垂水《たるみ》谷五郎が、この間から季節の変わり目からなのか、発熱して気分がすぐれないといって欠勤していた。それで、藩医の飯塚外記に診察してもらったところ、「船に乗ると病気は癒らず、長い旅は無理」という診断であった（日付からみると、参勤交代で藩主につき随《したが》って江戸へ出発する頃と思える＝増川）。

本人からは、ぜひとも乗船して御供をしたいと申し出があったが、もし旅の途中で病気が重くなると、他の者へも迷惑がかかると石黒甚右衛門が進言してきた。それで本人へは旅をやめるように命令した。

長びく病気の原因はなんなのか、源大夫に調べさせると、本人から聞いた話として次のように報告してきた。

さる二月二十三日に谷五郎は勤務が休みだったので、みのこ（地名）のあたりに薪取りに行った。その時にどうしたわけか、山の中で急に震いがきて、わけがわからなくなり、ふらつき歩いたようだった。

これを岡村の者達が見つけて、どうしたのかと尋ねたところ、ひと言も答えずに、ただ「勝負してやる」とだけ口ばしっていたという。顔色も悪いので、すぐに抱きかかえて近所の家に連れていって介抱したが、甚《はなは》だ弱っていたので宿元へ知らせて駕籠に乗せて帰らせた。

自宅で養生して二、三日すると正気に戻り、身体も回復してきた。言葉もはっきりしてきたので家族の者が、いったいどうしたのかと尋ねた。

谷五郎が答えて言うのには、あの日、薪取りに山へ入っていくと小坊主に出会った。角力をとろうともちかけられたので、気晴しのつもりで数番とった。角力では一番も負けなかったが、それから急にわけがわからなくなった。

岡村の者達から、谷五郎が薪を取ったのかどうかわからないが、鎌や背中につけた籠も捨ててしまったのか持っていなくて、わらじも片方ははかずにぶらついていた、と聞かされた。角力をとった小坊主らしい者は、ついこの間、山の中で見かけた者があったと村人は話をしていたという。

谷五郎は正気に戻ったものの、いつまでも身体がだるく、熱も続いていっこうに良くなっていない。

源大夫は報告に付け加えて、岡村の者達は、谷五郎が狸に化かされたと噂している、と述べた。

この後も谷五郎について、会所日記には幾つかの記事がある。例えば、

四月一日に谷五郎はまだ病気が回復していないので、出府は御免になった。同月二

十四日には谷五郎が突然、逆上したので医師の飯塚外記より月額《つきびたい》（前髪の生え際）を剃ったらよいと進言があった（気分がさっぱりするためか＝増川）。谷五郎が全快して出勤するようになったのは夏の初めである。

同じ頃に、これも狸に化かされたのではないかという報告が村役人からなされている。会所日記の閏《うるう》四月一九日の記事には、この日の朝、妙口村の下手川に沿った岩場で、町人風の男が倒れているのが発見された、とある。

年齢は四〇歳ぐらいで、紺縞《じま》の袷《あわせ》を着てその下には空色のじゅばんをつけ、兜羅面《とろめん》（綿と毛の織物）の帯をしめていた。裕福《ゆうふく》な服装であり、行き倒れではなかった。村人が岩場から引揚げて薬を与え、近所の家に寝かせた。問いかけには一切答えず、暮れ頃に息をひきとった。

検死のため御徒士目付の吉田郡平を派遣して調べさせた。男は下帯が無く履物も見あたらなかった。懐中の品物も無く住所や名前を知る手がかりも無かった。着衣からみて決して貧しい者でなく、旅の者でないことは明らかであった。

なぜ、ふつうは人の通らぬ場所に倒れていたのか、外傷は見あたらず、ただいちじるしく疲れた様子だったという。

会所から領内に廻状《かいじょう》をまわして、心当りの者があれば申し出るように伝えた。とくに現場に近い氷見《ひみ》村へは手紙を出した。念のために、隣国の松山領へも問いあわせたが、いずれも男の身元を知ることのできる手がかりは見つからなかった。

男が亡くなった地元では、狸に化かされたという噂がひろまった。

女性と子供

封建制度は男中心の社会で、女性や子供が一個の人格として尊重されることはなかった。まして会所日記という公用記録は犯罪に関わるなどの事件にともなう女性は記されているが、女性や子供の日常生活は書かれていない。

ただ例外として、領主の家族は公用に準じた扱いなのかいつくかの女性の記述がある。以下は会所日記からの要約である。

文化年間とみなされる領主の娘のお従様はとても自己主張の強い方であった。あまりにも我儘《わがまま》だったのでついに殿様の勘気にふれ、尼にさせられて座敷牢《ろう》に押し込められた。しかしこのままにしておくこともできないので、殿様の縁つづきの左膳が引き受けることになった。髪が生え揃うのを待ってお輿《こし》入りをされ、一女をもうけられた。
これで万事おさまると思えたが、やはり気が昂《たか》ぶることが多く、我儘が過ぎて家風に合わぬという理由で左膳からも離婚された。御館《おやかた》へ帰られた後は、釣が大層お好みなので屢々《しばしば》「河原へお涼み」に行かれた。季節になると毎日のように「鮎打ち」にお出かけになり、次第に我儘もおさまった。

別のお殿様の娘のお婉《えん》様は生まれつきの持病なのか、時々「引付け」を起こされた。熊の胆《い》を煎《せん》じて飲まれていたが、病気のせいなのか髪の毛が抜け落ちて禿頭《はげあたま》になられた。付け髪はうっとうしいので、いっそ尼になりたいと申された。重役達が相談した結果、もうお歳を召されているので嫁入りされることはあるまい、落髪してしかるべきと申し上げた。近頃は御機嫌もうるわしく、七ヶ寺参りなどとおっしゃって近郊の寺まで遠出されることが多くなった。

お歌様はかんしゃく持ちで、時々異常な行動をなされる。ある時など厠《かわや》へ行かれた後に手を洗われる際に、何が御不満なのか手水鉢《ちょうずばち》をお投げになった。縁側続きの次の間の障子《しょうじ》が大破した。その後は気がしずまったのか静かになられた。障子を板戸に張り替えたので十匁の出費になった。

代々続いた一柳家には、稀《まれ》に変わった気性の娘が現われた。親類どうしの縁組を重ねたためか、世間知らずのゆえか不明である。娘達の将来については藩の重役達の協議で決められていたことに注目したい。

寛政年間に武家の女性に関して会所日記に記されているのは稀な例なので述べておきたい。役所に文書が提出された。これには、

小丹太《こたんだ》は義母である私の意に叶わないので離縁を願い上げます。もしお聞きとどけいただきますれば、以後は相応の者を養子にいたしますので、役所で何なりともお使い下さいます様に御願い申し上げます。

とあった。

差出人は真鍋《まなべ》なにがしという女性である。役所への上申書は規定どおり士分の青山七兵衛を経て提出された。

これと同時に、真鍋小丹太という名前でなく、旧姓の武藤小丹太と名乗る者からも役所へ口上書が提出された。

私は義母の意に叶わず義絶されましたが、このことを記した願書が義母から役所に提出されたことは甚だ迷惑でございます。これまでの藩の御厚恩を顧《かえり》みますれば、このまま召使い下されば幸甚に存じます。

事情はこのようなものであろう。小丹太という者を養子に迎えて真鍋家を継がせ、藩は先代の真鍋という武士の役職を養子の小丹太に与えていたのであろう。ところがどのようないきさつか、義母のほうから養子と折り合いが悪いと追い出し、養子縁組の解消を願い出た。武士なので藩の許可が必要だったのだろう。他の上申書などをみても、小松藩では藩に提出する文書は士分の者の取次ぎを必要としたようである。

義母は今の養子の代りに別の者を新しく養子にした場合も、真鍋の役職を継がせてほしいと願い出ている。

義母の願書と小丹太の口上書は三月の月番の世古矢柄《せこやへい》の許《もと》に提出されたが、殿様が参勤交代で江戸へ出立される乗船前の慌ただしい時であった。願書と口上書は共に放置された。

数ヵ月たって江戸より御指図があった。

小丹太へ　跡式あい成らず家屋敷取り上げ。
老母へ　相応の養子願いの件、青山七兵衛に噂しておく。なお現在植えている野菜などの作物は収穫時に下さる。

小丹太は解職され、家屋敷は取り上げられた。義母も立退かねばならなかった。家屋敷は養子のものという認識である。
老母であれ女性の意志が認められたと解釈すべきなのか。会所日記には珍しい記事である。

この他の領民の女性の記録は、以前に述べたように心中事件である。
文化一三年（一八一六）七月一五日に大頭《おおと》村役人から代官田岡貞蔵への届け出は次の通りであった。

普請《ふしん》のためこの春から円蔵宅に逗留していた大工の与八は、隣藩の高松村の者であった。与八は円蔵の兄の娘に惚れ込んでしまった。七月一四日に円蔵の兄の長八が留守の間に与八は娘に会いに忍んできて、同道して出奔しようと持ちかけた。娘が承知しなかったので、それでは共に死のうと連れ出し、娘の喉と腹に傷をおわせた。自分も自害しようと傷をつけ、長八の家の脇の草むらに倒れた。

帰宅した長八は負傷した娘に気付いてあわてて村役人に届け出た。長八は倒れている与八も見つけ、とりあえず家の内に運び込んで寝かせた。


これからは会所日記によると事態は次のように推移した。

与八の希望であったのか長八の判断であったのか、ただちに高松村の大工の親方へ知らされた。折り返し与八の義父の善次郎、親類の権右衛門と大工の親方が長八の所にやってきて、長八に内済にしてほしいと頼み込んだ。

心中は未遂であっても罪になるが、小松藩内の事件で加害者は松山藩領の者なので、表沙汰になると大《おお》げさな藩どうしの交渉になり、解決に時間もかかる。それで高松村の者達は役人達も知らぬことにしてほしいという言い分であった。結局、大頭村の役人も代官の田岡貞蔵も見なかったということになった。ただ、高松村の者達からは「今後何の面倒もおこしません」という一札を書かせた。

これでうまくおさまったと思えたが、四日後の七月一九日に娘の容態が急変して亡くなった。娘も与八も傷を負っただけなので示談も成立したが、娘の死亡によって事情が変わった。藩の御目付役佐々木元右衛門が検死して村医の塩見実庵が死亡報告書を書いた。原因は負傷で通常の病死でないことも明らかになった。

奇妙なことに長八が述べた「口書《くちがき》」には、与八の名前は無く、娘は養生の甲斐《かい》なく亡くなり、誰も恨みに思っておりませんとなっていた。署名は長八と弟の円蔵、長八の妹婿の伊右衛門の三人であった。

しかし、娘の埋葬は夜分に秘《ひそ》かにおこなわれ、墓標《はかじるし》は禁じられた。これは罪人に準じた扱いであった。御目付役の検死報告書には「心中」や「相対死」という文言はなかった。ありふれた病死であった。御目付役は村役人や代官からも事情を聴取したのであろう。何もかものみ込んだうえでの検死報告書であった。むろん、他領との悶着《もんちゃく》を避けたからである。

最後まで娘の名前は記されず、たんに「娘」とあるのも当時の役人の「男尊女卑」の感覚である。

女性に関する記述は、何らかの事件か犯罪視された行為の時のみ記されている。次章に述べる激しい気性の女性もその一例である。

子供についての会所日記の記述も女性と同様である。捨て子の記事がある年に続いた。

文政六年（一八二三）六月に吉田村の村役人から届け出があった。

庄屋佐伯瀧次宅の門前に、出生から十四、五日かとみられる女の赤児が置かれていた。縞絹の継ぎ合わせたのを着せ、そのうえを南京染の単衣物でくるみ、下に粗末な布団が敷かれていた。伊勢のお祓《はら》い札と麩《ふ》も添えられていた。

瀧次宅には幸いなことに乳母がいたので乳を飲ませて養育したが、最初から弱っていたので三日後には亡くなった、という追加の届け出もなされた。

八月にも今在家村の庄屋五郎左衛門宅の門前に捨て子があった。傍に書き付けがあり、去る二月一一日に誕生したと記されていた。届け出は担当者が不在だったので、獣などの殺生方の田岡五郎市に差出された。この赤児は古い単衣物が着せられていて、頭に胎毒のような吹き出ものがあった。赤児は丈夫な子だったので五郎左衛門方で養育することになった。

同年の一一月にもまた捨て子があった。今度もまた吉田村庄屋の佐伯瀧次宅の門前であった。出生から十五日ぐらいの女の赤児であった。ふご（炊いた米を保温するために編んだ籠《かご》）に入れられ、古袷を着せて御祓暦が添えてあった。

届出によって御徒士目付《おかちめつけ》の廉之進が検分に行き、瘦《や》せてはいるが瀧次方で養育するように申し付けた。捨て子に心当りは無いか、と藩内に触《ふ》れを出したが名乗り出る者はなかった。だが、この触れ書を見て、近頃に小児を亡くした北条村の富岡友右衛門が養育したいと申し出たので、友右衛門に赤児を預けられた。

同じ家に捨て子があったのは、瀧次が裕福であったからだろうが、捨て子を粗略に扱わないことを知っていたのであろう。おそらく六月の時に親は遠くから見ていたに違いない。これが噂として秘かに語られていたのであろう。なぜか、この年は三件も捨て子があったが、他の年は無かったのか記録されていない。

領　民

すでにみてきたように、人口が少ないといっても小松藩内には様々な職業の人々が暮らしていた。農業と御館近くの町家に住む商人と手工業者が大部分であったが、それ以外の職業の人達も少なくなかった。

小松藩の特産物である輝安鉱（白目《しろめ》、白味《しろみ》ともいう）は、大生院村にある鉱山から産出するが、鉱石を採掘する鉱夫や精錬などの鉱業に従事する人達がいた。藩は一時期、輝安鉱の鉱石の販売を大坂の商人泉屋（住友）にまかせ、白目金の販売利益から一五九両の上納金を得ている（文化《ぶんか》一一年・一八一四）。この鉱夫達も少なくなかった。

妙口村では紙漉《かみす》きがおこなわれていて、少数ではあるが製紙業で生活している人達もいた。その他、猟師や木樵《きこり》、馬方も記載されている。

また、きわめて狭い海岸が領地になっているので、江戸や大坂からの連絡は、自領や他領の船着場から飛脚で送られてきたが、すべて船が利用されてきた。当然のことながら、水夫や海運業にたずさわる人々も存在した。

小松町人の所有している船は、嘉平の持ち船が十二反帆で一五〇石積の船である（天保九年・一八三八）。別に藩の所有している船が二隻あるので、藩の雑役夫として舟夫になった人達もいた。

ついでに述べると、江戸からの御用書や大坂蔵屋敷からの連絡、藩からの江戸や大坂への便はかなり頻繁になされていた。ただ瀬戸内海の荒れ具合で、出帆が数日遅れることはしばしばみられた。公用文書であるのに、臨時に村人に伝達を依頼している場合もある。

例えば、「江戸表から三月二日に出した御用書は、大坂を八日に出立する伊勢参りの（帰途の）上嶋山村の者に託して、幸便にも到着した」（寛政六年・一七九四・三月一六日）、という会所日記の記述もある。さしずめ、藩の臨時雇いの雑役といったところである。

領民の大多数をしめる百姓といっても一様でない。裕福な上級の百姓もあれば、貧困な人達もいた。新屋敷村の茂右衛門のように、貧窮のあまり、一人の娘を捨て置いて夫婦で放浪の旅に出た（寛政五年六月二〇日）ような痛ましい例もある。

また、すべてが柔順で温厚な者達だけでなく、乱暴な者もいた。会所日記の寛政五年八月一六日には次のように記されている。

吉田村の長八という者は、脇差をさして徘徊《はいかい》しているという。廻り方の者より注意をして一時はやめていたが、再び脇差をさして歩きまわっている。

村役人からも改めるように強く申し伝えたが、くち答えをして互いに口論になった。

これは不埒《ふらち》なことなので、留置して監視の番人をつけると言っても承服しなかった。

長八は、留置するということについて、廻り方の徳永軍蔵と青木弥五郎のところへ押しかけてきて、強く抗議した。弥五郎と岡本貞吉は、長八を留置して番人をつけるようにと会所へ進言してきた。

長八の持っている脇差は、先日、周布郡で窃盗事件があり釜などが盗まれた時に、召捕りに向かった者に軍蔵が渡したものである。これが内緒で長八に渡ったものではないかという。

それで長八は、御上から渡されたものだと威張って、貞吉にも見せびらかすために脇差をさしてきたという報告である。

長八は角力もとり、大酒のみで喧嘩ばやく、田地は三畝ほどは作っているという。

長八は召捕られて吟味された。これについての記述が続いている。

長八の言いぶんは、田地は合計すると三反ほど作っていたが、五年前から病気になり農作業も充分にできなくなった。それで酒を沢山買い、自分で飲むのではなく山へ持っていって煙草と交換して、それで少々の利益を得ている、というものである。

留置の理由は、長八は不当な商いをしているうえに、最近では松山藩領の吉田新田にある幸三郎の家に、御法度である忍売女《しのびばいじょ》を囲っていて、ここでも喧嘩をしたというのは不埒なことである。

それゆえ、吟味中は手鎖をうって、村預けを命令し、昼夜四人ずつ番人をつけることを申し渡す。

その後、長八はどうなったのか記されていない。

粗暴な振舞は、男だけでなく女にもみられる。寛政六年一二月二一日の会所日記にはこのように書かれている。

今年の春から小人《こびと》（藩の雑役夫）として勤めている岡村松蔵の妻でさよという者は、元来が性格の悪い者であり、よくない評判が多かった。

近頃ではとくに我儘《わがまま》がはげしくなり、松蔵と口論しては殴りあったり、刃物を持ち出すようになったので、内々に呼び出して糺問《きゅうもん》した。

ところが先日、さよは御林番の円次宅で、来あわせていた塗師の丈助と口論になり、円次の脇差を奪って丈助に斬りつけた。自分も死ぬといって暴れたので、ようやく脇差を取り戻して、さよと丈助とを仲直りさせた。

その後、円次は病気になったので、円次の代りに丈助が御林の見廻りをしていた。円次は北条へ保養に行ったので、円次の家へ丈助は寝泊まりしていた。

円次の家にさよと左官の次郎右衛門の妻が訪れた時に、また、さよと留守居の丈助とが喧嘩になった。さよは丈助の髪を取って引きずり倒し、額へ噛みついた。

丈助が老齢なのか、さよが大力の女であったのかは記されていない。なぜ、さよが円次の家や丈助の許に訪れたのかも不明である。村役人はさよを連行したが、その時に櫛《くし》や笄《こうがい》と下着など、倹約令で禁止されている品々を身につけていることがわかり、村役人はさよを咎《とが》めた。記述を続けると、

さよは我儘で村役人の手に負えなかったので、今日、さよを新屋敷村の庄屋宅へよび出した。御目付の棚橋定右衛門と廻り方の一人が立会い、これまでの不埒なおこないと御禁制の品を身につけていることにつき、手鎖のうえさよの兄弟へ預けると命令した。村へは、さよの番人には念入りに務めるようにと申しつけた。

さよの件は、翌年の一月二七日に判決が下された。

昨年の冬に不埒なおこないがあり、手鎖のうえ兄弟に預けられていたさよを、今日、白洲へよび出して問い糺《ただ》したところ、ことの次第はまことに不調法で申しわけなく、謝り奉りますと答えた。一連の品行は、女の身としてははなはだがさつであり、法を犯した品々も重々不行届きなので、夫の松蔵と離縁のうえ、御領内から追放と決定した。

領民のなかには職業の不明な者もいる。白洲によび出された時に、「百姓」とされているが、主な収入がどこから、何をして得ているのか不分明な者も少なくない。

例えば、盗人宿をしていて、盗品や他人の品物を質入れして利ざやを稼いでいた大頭村の段六は、手鎖になっている（寛政五年二月二六日）。段六も狭い畑を耕している。

これに加担した市右衛門も処罰されているが、質屋を業としていたのか明らかでない。かなりな数の領民は、飛脚や他のなんらかの仕事と農業とを兼業していたのであろう。

それだけではなく、「吉右衛門は船を漕ぐのが上手であったので、殿様が御帰国の場合に、船の往来で御雇いになった」（寛政七年四月九日）、「新小人《こびと》は上嶋山村より一人、半田より一人、大生院村より一人、南川より一人、しめて四人のお抱えあり」（同年一二月二日）のように、藩で臨時雇いとして雇用される場合があった。

藩の公用を勤めるのは、大工、左官、山廻り、御舟番、御舟庫番、六尺《ろくしやく》（駕籠《かご》かき）、賄方、掃除夫、草履取り、小間使い等々の専業者になった。しかし自宅通勤が通常で、自宅は農業というのも少なくなかった。

なかには、「小人の平蔵は、ここ数年は実直に勤めたので、御足軽並に取りたて、一俵増の一石六斗を下される段、小頭の宇佐美文右衛門より申し渡す」（同年一一月二七日）のように、小人より足軽に昇格し、藩の公用を勤める者もいた。ただ足軽も大部分は自宅通勤であった。

藩が「百姓」と分類していても、領民の実態とかけはなれた部分があったといえる。

娯楽

小松藩では代々の藩主が芸能や遊戯を好まなかったからか、また、このような気風により藩の幹部も遊芸に興味がなかったためか、会所日記には娯楽や遊戯に関する記述がはなはだ少ない。

遊びはすべて「奢《おご》りがましきもの」という認識であった。寛政七年（一七九五）三月二七日の条に、「河原洲のあたりで芝居があるときく。遊女も来るということなので、見物は無用である。不心得な者がないように、村々へ廻状をだす」と書いてあるのも一例である。

芝居は風儀よくないものとして、村々に見物に行くな、と触れている。

「碁、将棋、盤双六、楊弓《ようきゅう》なども、用いかたによっては賭などの不正な行為の基になるので、くだらぬことに心を寄せないようにせよ」というのも文政五年（一八二二）の記事にみえる。隣国の今治では二段の免状をもつ将棋指しが道場を開いていたのと大きな違いである。

江戸後半期に全国で流行した「富くじ」も禁止していたことは、借金の催促に来た田中祐助との問答からも読みとれる。

しかし皮肉なことに、会所日記にはしばしば賭博《とばく》について記されている。むろん、賭博は厳しく禁止されていたが、小松領内でも庶民のささやかな楽しみとしてつねにおこなわれていた。

会所日記にある賭博の処罰例は次のようなものである。

天明二年（一七八二）三月十七日

町方で賭博がおこなわれているという噂を、御徒士目付の手下の者が聞き込んだ。町の年寄からも、賭博を取締まってほしいという申し出があったので、吟味するように命令した。

三月十二日の夜、藩の「廻り方」（巡視役）の高橋次郎太らが、今治屋善三郎方での賭博の集まりを発見した。ここに集まっていたのは、岡村屋七左衛門、千足山村の只右衛門、一本松の八百蔵、無宿の彦七、新宮の豊吉らであった。廻り方は名前を確認して、町の年寄と村役人にそれぞれ通報した。村役人はこれらの者に、とりあえず他出をさし止めるように申し渡した。

廻り方という役目は平徒士に命じられ、主として警察関連の職務を担当するが、役名のように領内を巡回して、稲の生育状況や害虫の具合などを見聞して報告する任務もかねていた。

御徒士目付は廻り方の上役で平徒士よりも上級であるが、それでも八石取り程度の者で、下級武士である。御徒士目付には「手下」として働く者がいた。藩から扶持はなく、藩に雇われている者ではない。

手下は、直属している役人から時々小遣いをもらっていたようである。職業も一定していないが、他藩の例や江戸市中では、髪結いや飲食業、木戸番など人の出入りが多く、噂がすぐ耳に入る仕事に従事している。小松藩でも似たような職業か、農業であったと思える。

四月四日
今治屋善三郎を白洲によび出して取り調べたところ、賭博をしていたのは間違いございませんと白状したので、手錠をかけ、五人組頭に預けた。八百蔵、豊吉、彦七の新屋敷村の三人は、賭博をしていたのではなく、煙草代の支払いのために集まっただけだと申し立てた。しかし善三郎と対決させると、観念して賭博をしていたのに相違ございませんと白状した。

四月十二日に裁許を申し渡した。次の通りである。

一、過料六十貫文ずつを申しつけ、左の者達は手錠を免じ候

小松町　今治屋　宿　善三郎
岡村屋　七左衛門
千足山村　只右衛門
新屋敷村　一本松　八百蔵
新宮　豊吉
無宿　彦七

「宿」と書いてあるのは旅館や宿屋の意味ではなく、賭博宿つまり賭博の場所を提供した者か賭場の持ち主のことである。

この裁許があった七日後に、明勝寺と本善寺の住職が処分の減免を願い出てきた。新屋

敷村の者達から「世話してほしい」と頼みこまれたからである。藩では「構《かま》い申さず候」と住職達に返答している。減免の願いを無視してとりあわない、という意味である。

ほぼ同じ頃の天明二年三月に、領内の新居郡でも賭博が露顕している。半田村の嘉右衛門宅で、上嶋山村の金左衛門と政吉の三人の勝負であった。金左衛門が独り勝ちしたが、負けた者は賭金の不足分を脇差や煙草、綿、薪で支払うと言ったので、金左衛門が怒りだして「荒れた」のが発見された原因だという。

四月三日の嘉右衛門らに対する裁許は、各々に過料六〇貫文である。煙草や薪で負けたぶんを決済しようとしたのであるから、さほど多額の賭金ではない賭博とみなされるが、賭金の記録はない。

賭博による検挙と処罰は、会所日記以外にも記されている。刑事事件を扱った「委細《いさい》裁許状《さいきょじょう》」という記録で、例えば寛政三年には次のように記されている。

八月十七日

上嶋山村の源七と申す者、この間より賭博宿をいたし不埒《ふらち》につき、廻り方の御徒士目付に監視を心がけるよう申しつけ、今日、源七を吟味いたし候。

このような書き出しで、関係者一同を白洲によび出して取り調べたことが述べられている。白状した賭博の内容も記されているが、ほかにみられない珍しい部分もある。すなわち、茂七が百目ほど勝った後で酒になり、飲みはじめると、源七と口論をはじめた。そのうちに仲なおりをして、再び賭博を続けることになった。勝ち負けが続いたが、途中でいかさまがあると言いだす者があって、また喧嘩になった。

それで一同は半平に調停を依頼した。半平の顔をたてて、茂七は三〇目、源七は七〇目を出して済ますことになった。

当事者達にはよくわかっていることなのであろうが、賭博がどういう状況でおこなわれたのか不明である。半平という男がその場にいたのか、あとで仲裁に入ったのかも不明であるが、「顔をたてて」とあるので、賭博をしている者達にはかなりな影響力をもっていたと思われる。

なお、源七は大生院村の文左衛門の家でも賭博をしていたこと、正月の神社の祭札の時にも「ほうびき同様のこと」――宝引、紐《ひも》の先に景品を結んだ当てもの賭博――などの余罪も白状している。

検挙から一ヵ月近く経った九月一四日に、関係者一同がよび出された。月番奉行の神野

祐左衛門が裁許を申し渡し、一色佐代助が判決文を読みあげた。それによると、

一、大生院村　文左衛門
七月四日に上嶋山村の源七宅へ木綿を売りにまいり、二、三匁賭の賭博をいたし候由、それより以後、賭博宿をいたし、源七などが寄り集まり、賭博をしたこと。
一、大生院村　茂七
同日、源七がよびにまいり、すすめられて、よんどころなく賭博に加わったこと。
一、大生院村　与市
当春、文左衛門宅で賭博が催された時に加わり、二、三匁賭の賭博をしたこと。
一、萩生村　久米右衛門
右に同断。
一、上嶋山村　友蔵
去年暮れに同村源七宅へ、紺屋の掛け取りに行き、酒に酔って少しだけ賭博をしたこと。
一、半田村　秋三郎
当春、大生院村の弥五右衛門宅へ豆腐を売りに行き、ふと二、三匁賭の賭博をした

こと。

一、萩生村　久蔵

右に同断。酒を売りに行き、その時に少しの賭の賭博をしたこと。

一、大生院村　弥五右衛門

当春、自分の家で、久蔵、秋三郎、源七が出会った時に、よんどころなくすすめられて、二、三匁賭の賭博をしたこと。

以上の源七を含む九人の賭博グループである。過料がどの程度か記されていないが、犯罪者であることを示すために、源七は剃髪《ていはつ》、弥五右衛門、文左衛門、久蔵には眉剃が申し渡されている。僅か二、三匁という少額の賭博だったので、過料でなく、他の者は「叱《しか》り」だけであったのかもしれない。八人の判決を長々と記したのは、記述に特徴がみられるからである。

江戸期のおびただしい数の賭博犯について、例えば判例集の『御仕置類例集《おしおきるいれいじゅう》』には非常に多くの賭博犯に対しての判決が述べられているが、賭博の動機については一切記されていない。

ところが、この委細裁許状には稀なことに賭博の動機が書かれていることがある。「木綿を売りに行った時に」「紺屋の掛け取り（集金）に行った時に」「豆腐を売りに」「酒を売りに」そのついでに賭博をしたという。「すすめられ」ると、いとも容易に賭博の座に加わっている。天明二年の半田村での賭博事件は、政吉が「野道具（農作業具）に使う油を買いに行った時に、たまたますすめられて」賭博をしたと白状している。

賭博についての罪悪感もなく、誘われると気軽に賭博をしている。

領民にとって、賭博は商いのついでに、いつでもできる、ささやかな娯楽であった。

小さな慰み（賭博）は絶えることがなかったのか、幕末の嘉永元年（一八四八）三月に九人が検挙された賭博事件は藩を困惑させた。

賭博の現場が、藩主専用の松茸山の番小屋であっただけでなく、武士の家来達だったからである。それも警察庁長官ともいえる大目付《おおめつけ》の黒川孝之進の家来をはじめ、藩の最高幹部である一柳吉之進、喜多川嘉門、石黒甚右衛門、武司記太の家来や元家来たちであった。身分は中間《ちゅうげん》や小者《こもの》であったが、家来の監督不行届きという理由で、重臣達が謹慎を申し出た。むろん、謹慎は「その儀に及ばず」と却下になったが、藩内で賭博が蔓延《まんえん》していることを藩士に印象づける事件であった。

この事件の直後も、領民で賭博による逮捕者は続いている。

小松藩では、賭博犯は軽罪であった。

判決の翌月である八月も、九人の賭博犯が検挙されている。領民のささやかな慰みごとは絶えることがなかった。

目《め》明《あか》し

賭博犯と密接な関係にあったのが目明し（関東ではおもに岡引《おかひき》、岡《おか》っ引《ぴ》きという）である。賭博犯を通報し検挙を手伝うのが目明しであるが、もともと前科者で、改心した者を役人の手先として用いることからはじまった。犯罪者であったから犯罪について詳しく、役人の補助として私的に使われていた。

小松藩の記録につねに記されているのは、半平という名前の目明しである。寛政三年（一七九一）の賭博が原因の喧嘩に、仲裁に入った男である。

人口の少ない小松領内では、大都市のように多数の目明しがいたのではなく、少人数の目明しの名前を知ることができる。そのなかで半平はとくに目立った者である。藩内では正式な身分ではなく、廻り方の手下として行動している。上嶋山村に居住していて、半農半目明しとでもいうことができる。

半平が会所日記に最初に登場するのは、寛政元年一二月二七日である。記述によると、一昨日の二十五日の夜半すぎに、萩生村銀主の佐右衛門方へ二十人ばかりの賊が押入り、佐右衛門は頭を打ち砕かれた模様である。これは上嶋山村の半平より廻り方の次郎太へ知らせてきたものである。

虚実は村役人よりの届け出がないのでわからないが、すてておくこともできず、次郎太と足軽の青木弥五郎を現地へさし向けた。四つ半時頃（午後十一時頃）である。

その後の上嶋山村の庄屋からの報告によると、西の方の勝手口から一〇人ばかりが押入り、物音を聞いて出てきた佐右衛門が棒で打たれたという。額を打たれて非常に痛かったと言い、倅《せがれ》達は寝ているところを上から何かをかぶせられて、動けないようにされて盗賊が見張った。佐右衛門の妻も手を打たれたという。

盗《と》られたのは五百目の包み一つと衣類で、これは佐右衛門のものと質に取ったうちの良い品ばかりだという。

次郎太が検分したところでは、庄屋の報告に相違はなかったという。次郎太には佐右衛門の受けた傷と被害を充分に見とどけてから帰るように言いつけてあったので、とくに御目付役への報告書はさしださなかった。なお、賊の一人は鉄砲を持っていて、他の一人は刀を持っていたという。

青木弥五郎が午後になって新居郡から帰ってきて、さらに詳しい報告をした。佐右衛門の傷は、右の目の上から鼻の上までで、傷口が裂けて見えるほどの大怪我である。妻は手首を打たれて指を少し切ったが、手当をしている。奪われた銀子は二、三貫のようだが正確にはわかっていない。衣類は五〇点ほど盗られたが、質物で預かった品には手をつけていない。

その日の暮れまでに、目継《めつ》ぎ（目撃情報）もあったが、その後の情報はなかった。それで半平をはじめ萩生村の屈強な者達七、八人で犯人を召捕るための捜索が命令された。

ところが、昨夜の佐右衛門の家に落し文があり、隣領の隅野村にいる留八という男を吟味したらよいと書かれていた。早速、一行はその村の目明し源之丞の協力を得て、留八を訊問《じんもん》したが、犯人ではなかった。

落し文は、留八に注意を向けさせて探索を混乱させるためか、賊の一味のなかに留八を心よく思っていない者がいたのか不明であるが、この集団強盗が捕まったという記録はない。

寛政四年五月二四日、半平は以前から盗みの噂のあった伊勢松を中村で捕え、廻り方の岡田仙蔵にひき渡した。伊勢松を取り調べて白状させたのは次のようなものであった。

一、半田付の喜平方で、五月二日に盗んだ品物
袷《あわせ》　二つ　二十四文で西条の鍛冶《かじ》屋へ質入れ。
綿入れ　一つ　十匁で同様。
袷羽織　一枚　十一匁で西条下町の新蔵という者に頼んで質入れ。
一、上嶋山村の弁蔵方で昨年に盗んだ品物
袷　一つ　十三匁で岸の下の飯尾治右衛門へ質入れ。
綿入れ　一つ　十四匁で萩生村の松屋へ質入れ。
帯　一筋　十四匁で西条の者に頼んで質入れ。

これらをふくめて、昨年以降合計八ヵ所での盗みであった。

伊勢松は、昨年八月に素行が悪いと兄の家を追出され、その後無宿になって賭場などを泊まり歩いた。盗んだ金はすべて西条の賭場で使いはたしたという。
伊勢松は五〇杖《じょうた》叩きのうえ、追放された。

半平の活躍はここからはじまる。会所日記には、半平は「手筋《てすじ》をもって」四、五日のうちに盗品を探し出した、と記されている。特別な人脈をたどっていくことを「手筋」と表現している。盗品はすべて金にかえるために質入れしているので、正規に営業している質屋ではないが、半平は質草の受け入れ先を熟知していたようである。

戻ってきた盗品について、廻り方の桑原徳蔵が被害者をよび出して確認のうえ返却している。

目明しは半平だけではなく、清楽寺《せいらく》に押入った盗賊の追跡に、目明し留吉、平蔵、権（権兵衛か権助か＝増川）がさし向けられている。少なくとも数人はいたとみなされる。他領の隅野村にも源之丞という目明しのいることを述べたが、出奔した武士の妻の探索に相撲取りや山伏が加わった例もあるように、これらの者達は相互に知りあっていた。犯人の召捕りには連絡しあっていたのであろう。このような連絡網は、藩の領域をこえてつくられていた。次の記録もその一例である。

盗賊の探索や隠密の仕事のために、隣の松山藩では「くらがり方」という役目がつくられていた。

小松藩や西条藩の廻り方と同様な役目で、「くらがり方」も私的な部下として目明しを

使っていた。目明し達も同業者なので、互いに協力しあう関係にあった。その例も会所日記に述べられている。すなわち、

寛政四年の暮れに、半平は半田村の茶店で怪しい男と行きあった。男の持っていた風呂敷包みを改めたところ、その間に男は小用にたつふりをして逃げだした。半平は追いかけたが見失ったという。

風呂敷の中には松山藩の発行した銀札が百五十匁ほどあったが、偽札のようだった。半平からの届け出によって、廻り方の岡田仙蔵が会所へ指示を伺い出たが、あらためて指図するまで風呂敷包みは半平が保管しておくよう命令した。

翌年の三月九日、松山藩のくらがり方の清水六右衛門、橘平次、白川村の目明し勘九、など五人が小松へやってきた。清水六右衛門と小松藩廻り方の高橋次郎太とは知りあいであった。

清水らの要望は、偽札の賊を捕えたいので、顔を見知った半平に同道してほしいこと、自分達の手柄になるので、半平が保管している偽札を渡してほしいというものだった。

次郎太が上司に相談すると、上司は松山藩のくらがり方の依頼をうけ入れよ、と指示し

た。

半年以上も経った一〇月一〇日に、半平の持っていた銀札を受けとったという清水六右衛門と橘平次の連名の領収書が届いた。別に高橋次郎太へ金一〇〇疋《ぴき》、半平には金二〇〇疋が「なにかと世話になったから」と届けられた。

次郎太は、この金をもらってよいものかどうか上司に相談した。すると代官元締役から「他藩の世話をしたのだから、酒代として受けとっておけ」という指示だった。もとより半平は誰に相談することもなく懐に入れた。

松山藩とは表に出ない密接な関係があった。他の隣藩ともこのような協力はつねにおこなわれていたのであろう。目明しには他藩との協力は良い雑収入であった。

もっとも、正式な盗賊逮捕の協力依頼は文書でもなされていた。文面の一例は、「西条藩より犯人を探索するために足軽人足を貴領内にさし向けます。もし探しあてたならば召捕るように申しつけ、犯人の行方がわからず探索が長びくようであれば、宿の手配などお願いします」（寛政四年二月三日）、というものであった。

寛政五年七月に、妙口村の忠次が千足山村で百姓の鉄砲一挺、脇差一腰を盗んで逃亡した、という報告が廻り方から届いた。情報を収集していると、半平の知人で銅山の山廻りをしている男から、忠次は小松藩の東にある天領の東銅山にひそんでいると知らせてきた。廻り方の青木弥五郎が、足軽徳永軍蔵や道具持の小人《こびと》と共に半平宅を訪れ、同道して銅山に向かった。銅山では、これもまた半平の知人で相撲取りの八幡と会い、忠次は銅山のふもとのおとべというところに居ると聞きだした。

おとべで早朝に、忠次の泊まっている家に踏み込んで召捕ることができた。捕えた場所をこの地の役人に届け出ようとしたが、宿の亭主が自分も罪になるかもしれないので、内々で済ませてくれと頼みこんだ。それで、路上で忠次を捕えたことにして小松まで連行し、牢に入れた。

忠次の盗んだ品について弥五郎と軍蔵とで吟味したところ、鉄砲は土佐領内の長瀬村の伊助に一四五匁で売り、脇差は宇摩郡三島の茶屋に飯の代金のかわりに置いてきたと白状した。

半平には盗品について「手筋を用いて」取り戻すように、と勘定方から命令があった。廻り方の上司からではなく、もっと上層からじきじきの指示である。鉄砲だったからであろう。

半平はただちに行動を開始し、脇差はぐぜう村の質屋で発見した。弥右衛門という者が一二匁で質入れしたという。半平は半額の六匁を支払って取り戻した。鉄砲は円助——これも廻り方の下働きであろうか——が手筋をつけて取り戻した。忠次は叩き払いになった。

半平が会所日記の公式記録に「目明し」として明記されているのは寛政五年の八月からである。盗みを働いた無宿者の円蔵が牢抜けをして、その探索を命令された時である。円蔵が盗んだ品も半平が取り戻している。

都市では考えられないことではあるが、半平は盗品発見が特技である。半平自身が前身は盗賊集団の一味であった可能性が大きい。廻り役の下働きをするようになってからか、その以前からか不明であるが、要するにいかがわしい者達との人脈によって、幾つも手柄をたてている。次はその典型的な例である。

寛政六年一一月九日に、小松藩奉行の竹花堅蔵に一通の文書が届いた。これには、

このたび御殿御用のために、桜丸中納言が領内を通行するにつき、国々は差し支えないように人馬など差出さるべく候。

寛政六年　桜丸中納言　花押

国々役人中

と書かれていた。

間もなく、桜丸中納言が四人で担ぐ駕籠に乗り、袋に入れた宝剣というのを萩生村の組頭が持ち、草履取りと人足を従えて陣屋に到着した。

とりあえず座敷に通して、飯塚次右衛門が応対に出た。次右衛門は「公家名鑑」に桜丸というのは無いが、と尋ねると、菅家の傍流なので知られていないと答えた。真偽不明のまま小松藩は対応に苦慮していた。

他方、半平は、西条藩領内のつし村の新蔵という男が、「京都までの道中で、酒が好きなだけ飲める仕事がある」と誘われたが、断ったという噂を耳にしていた。

犯罪者を嗅《か》ぎわける特有の勘があったのか、半平は桜丸中納言の一行に疑念をいだいた。たまたま用事があって陣屋を訪れた半平は、「中納言の代人」と称する男を脅した。桜丸中納言の一行を偽者と見やぶった半平は、また一つ手柄をたてた。

半平のたびかさなる手柄で、ようやく半平は藩から正式に褒美をいただくことになった。このような記録も残っている。

寛政七年九月十四日

上嶋山村　半平、多年にわたり盗賊方の下役として出精につき、一人御扶持をくだされ候ゆえ、村役人が召しつれ、会所の長屋において長谷部多内よりこれを申し渡す。

会所の長屋は足軽達の住居で、決して陣屋内の部屋ではない。廻り方の手下では公式の通達も下級の部屋でなされた。しかし、藩から正式に一人扶持が支給されたことは、半平にとってははなはだ名誉なことであった。小人なみの最低給与であるが、藩から資格を認められたからである。

寛政年間に、小松藩ではこのような男が活躍していた。賭場の上前《うわまえ》をはねたり、泥棒を見逃すかわりに、いくばくかの金を手にするという汚れた所行である。藩の御用も勤めて、時には藩から褒美もいただくという奇妙な生き方をしている。

盗品と暮らし

犯罪者の追跡により、領民のいわば裏の部分を知ることができる。また、当時の人々の考え方にもふれることができる。

例えば、寛政七年（一七九五）七月二五日にこのような記事がみえる。

夕方の七つ時（午後四時頃）、代官の長谷部多内が奉行へ申し出たところによると、大生院村へ昨日の暮れ頃、浪人風の者があらわれたという。様子が怪しいので村の者が咎めたところ、思いもよらぬ扱いだと立腹して、たち去ったという。追いかけると浪人風の者は走りだして見失ってしまった。

ところが、この者は庄屋の家を訪れ、組頭や百姓達の言葉尻をとらえて、無礼な口のききかただ、などといろいろ申し立てたという。

この者については、廻り方の佐名木要次と渡部伴右衛門、半平と仁右衛門が無事に追いたてて済ました。

もとは武士であることは、髷《まげ》の結い方で判断できたのであろう。或《ある》いは刀を差していたのかもしれない。

小松藩だけでなくほとんどの藩では、身許不明の者の領内通過や宿泊を禁じている。浪人の居住も認められなかった。それで村から追いたてた。無事に、というのは抵抗されなかったという意味である。半平の関与した仕事はほかにもある。

寛政七年九月晦日

無宿者の丈吉が、先日このあたりで悪事を働いたという。

隅野村の祭礼で半平が丈吉を見つけ、廻り方に相談してきたので、召捕るように命令した。要次と卯吉を派遣して、勘兵衛という乞食《こつじき》の小屋で捕えた。庄司山という目明しと交渉して連れ帰り、ただちに牢に入れた。

隅野村は藩外である。半平はしばしば領外へ出かけている。丈吉が悪事を働いたのは小松藩領内なので、他領の目明しの庄司山——たぶん相撲取りでもあろう——に断って連行している。目明しは人を逮捕する権限はなく、正規の役職である廻り方の者と相談している。丈吉は無宿者であったので、容易に引渡しができたのであろう。

この丈吉について、一〇月一日と九日に訊問し、廻り方小頭の片上彦右衛門、廻り方の沢右衛門とその手下の高木卯吉に半平も立会って「縄で責めている」。

丈吉は耳が聞こえないので、いくら調べても要領を得ず、一二日に追放処分になっている。

一二月一七日に、北川《きたがわ》村から御手廻りを勤めていた市右衛門のところへ、昨夜盗賊が入ったという届け出があった。盗まれたのは独り住まいの者で、入口に鎖をかけておいたが、盗賊は壁を破って侵入したという。盗まれた品物は報告書に詳しく書き出されている。これには、青梅の綿入れ　一つ。青梅の袷羽織《あわせばおり》　一つ。琉球帯　一筋。千草布子および紋竹と笠　一つ。風呂敷　二。手拭　五。脇差　一腰。糀子《こうじこ》　一。銭札　百目。米　一俵、と書かれていた。

手拭《てぬぐい》まで盗んでいったのは、よほど暮らしに困っていた泥棒かもしれない。独り暮らしの者のめぼしい家財はこのようなものであった。米一俵も盗まれているので、盗賊は複数の可能性もあった。

これに関連した翌日の会所日記は、次の通りである。

去る十七日に届け出のあった北川村の盗難について、手筋をたどって探し出すように、廻り方の者共と上嶋山村の半平に申しつけた。

これらの者達は吉田村と北川村に目ぼしをつけて探索し、夜になって帰る途中で町の高田屋の前で怪しい者に出会い、召捕った。この男は、先日追放処分になった北川村の貞八であった。

貞八を訊問して、一二月一六日にどこへ行っていたかを尋ねたところ、一六日は北川村の糀屋《こうじ》で、同村の喜三左衛門と高橋弥左衛門とに会った。一七日は氷見村のできや徳（出来屋、便利屋のようなものか、徳は徳蔵か＝増川）へも行ったという。

貞八を縄で縛り手鎖をうって、町年寄の家へ留置しておいた、と廻り方の沢井弁右衛門と塩手順吉が報告に来た。足軽の番人を一人つけ、町方からも番人四人をつけたという。

判決があるまでは、番人をつけて「預け」（留置）をするのが通常の方法であるが、留置人にかかる費用は、その村や町の負担になる。貞八の件については裏づけ捜査がおこなわれた。

十九日の早朝に、氷見村のできや徳の家へ弁右衛門が行って調べたところ、十七日に貞八が来て、絹の帯と青梅袷の羽織一枚を売りさばいてくれと頼んだと証言した。しかし、これらの品が盗んだものなら自分にも疑いがかけられて迷惑なので、売ることはできないと断ったという。

真偽をたしかめるため、できや徳を牢屋へ連れてきて、貞八に会わせた。廻り方の者と半平が立会って吟味したところ、十六日の夜に貞八は、市左衛門の家に盗みに入

った と白状した。
しかし盗んだ品は、書付にある通りではなく、綿入れと銭札および米一俵は盗んでいないと申し立てた。

一二月二五日にも別の盗難の届けが出された。新屋敷村の喜惣次が、昨夜は家を留守にした。入口に鎖をかけておいたところ、夜中に鎖がねじ切られて、左の通りの品物が盗まれたと村役人より報告があった。すなわち、

一、夜着　一。但し表は浅黄の千草縞、裏は緞子《どんす》返しの古物。
一、蒲団《ふとん》　一。表地は白形（ママ）、裏は古裏。
一、預り札　二十目。
一、銭　三十目。
一、紙入　一。

預り札とは前述の藩札のことであろう。広く流通していたことがわかる。蒲団も盗まれているが、衣類は被害がなかった。これについて翌々日の一二月二七日の記録がある。

このあいだ新屋敷村の喜多八（ママ）の家に入った盗みの容疑者として虎蔵が捕えられた。虎蔵は念仏屋勘右衛門の下人として勤めていて、今年になって暇をとった今在家村の者である。以前から廻り方の者が注目していて、前夜、新屋敷村で廻り方の佐名木要次が虎蔵と出会ったので、召捕ったという。

吟味したが、喜多八（ママ）方に盗みに入ったとは言わなかった。虎蔵を縛って手鎖をうち、村に留置しておいたという報告があった。

今日、廻り方の者二人と半平とで虎蔵を吟味したが、新屋敷村では悪事を働いていないという。しかし先日に、今在家村の孫三郎のところで米が盗まれた事件を追及すると、自分の盗みだと白状した。

盗んだ米は三斗四升五合で、そのうち、

一斗八升五合　町の西迎寺屋の三平へ
八升　新屋敷村の忠平へ
五升　同村の政蔵へ
三升　井筒屋の七左衛門へ

それぞれへ売り渡したという。

今在家村より組頭の久五郎と百姓二人が来たので、廻り方より虎蔵の身柄を引渡した。

三升や五升の米であっても、買い求める者があったというのは、よほど米が不足していたのであろう。

翌年の一月にも、犯人はわからなかったが、盗難の届けが出されている。盗まれたのは各々一点であるが、つぎのように記されている。それは、千草布子、引浅黄布子、千草袷、本手染袷、檳榔子《びんろうじ》、草羽織、白とろめん男帯、紺白糸指打替、花色とろめん紙入、であった。

とろめんは兜羅綿《とろめん》と書き、綿と毛の織物のことである。もとは海外からの輸入品とされているので、盗まれた独身男はかなりな洒落者《しゃれ》であったのかもしれない。

盗まれた紙入れの中には「西条の預り札」があったと被害者は申し立てている。西条藩も藩札を発行していて、小松領内で流通していたことを示す証拠といえる。

藩札はどこの藩でも手書きか木版刷りに印を押しただけなので、偽造することも容易であった。藩札が贋造《がんぞう》された例は、寛政八年三月二五日の会所日記にみえる。

松山藩領の北新町《きたしんまち》あたりで、小松の預り札――まだこの時期は公然と藩札と言っていないが——の偽札を作っている者がある、という噂を聞いた。

それで、松山藩のくらがり方の一員である貫九と半平が交渉した。

貫九が言うのには、先日、松山藩で召捕られた佐弥八、紋兵衛、草履取りの仙蔵は松山藩を追放になる。小松藩はこの三人を必要とするのかどうか、と問いあわせてきたからである。

三人は偽札製造の疑いで松山藩に捕まったのであろう。貫九は小松藩に恩を売るか、同業の半平にかしをつくるためか不明であるが、好意的な提案である。半平は、もう少し詳しい協議をもちかけたと考えられる。会所日記の続きは、

貫九はこちらの町方まで来て、廻り方の高橋次郎太と半平とに相談した。半平は、この三人に尋ねたいことがあるので、追放の場所や日時がわかったら知らせてくれ、と貫九に頼んだ。境で待ちうけるためである。

この件は高橋次郎太からも書面で貫九に申し入れたので、貫九は約束した。

その後、貫九より次郎太宛の書面がきて、佐弥八は再吟味され、偽札作りに関与していたことが明らかになったので、入牢になった。

紋兵衛は札作りの道具を没収のうえ、追放という判決で、他の者はお構《かま》いなしと無

罪放免になったという。

貫九は、最初に約束した通りにはならず、不都合なことになったと知らせてきた。紋兵衛を捕えるために、高橋次郎太を松山領の北の小松領との国境に派遣することに決まった。

寛政八年三月二十七日

高橋次郎太と上嶋山村の半平が昨日帰ってきた。松山領との国境まで行ったが、紋兵衛を捕えることができず、紋兵衛の手筋を見つけるために、心当りのところへ頼んでおいたと報告した。

その後、紋兵衛を捕えたとの報告はない。

これらの記述をみると、小松領内で殺人や傷害あるいは強盗のような凶悪で粗暴な犯罪はなく、ほとんどが空巣狙いのような窃盗犯である。盗まれた品物から、ある程度の暮らしが推定できる。

寛政八年一一月二〇日にも、北条村の喜惣太から盗難の被害届けが出ている。夜に納屋の壁が破られて盗まれたという。これらの品々は一六点という。これには、丸の内に一つ引の紋のついた御納戸茶の男物給　一。同じく羽織　一。同じく空色の帷子《かたびら》　一。同じく表が鼠色の単物《ひとえもの》　一。形付男物の単物　一。同じく御納戸茶色の男物の中立給　一。同じく雪柳とつた撫子《なでしこ》に檳榔《びんろう》の女物給　一。空色模様付の女物帷子　一。青体《ママ》鼠色の単物ちらし付　一。太織女帯　一。紬女帯　一。緞子女帯　一。夜着木賊《とくさ》白形付　一。蒲団　一。木綿　一。

と書かれている。

紋付の揃いなど、喜惣太はややゆとりのある暮らしだったのであろう。

他領との交渉

松山藩領の偽札作りのように、犯罪上で廻り方や目明しは隣接した藩と密接な関係にあった。犯罪者達は藩の枠をこえて悪事を働き、また、隣村が他領という狭い地域でもあった。

寛政八年（一七九六）六月四日にはじまる窃盗事件も、他領とかかわる典型的な例である。

横峰寺で盗まれた仏具について、発見をその筋の者に頼んでおいたところ、一昨日、松山藩領の川上村の目明し源蔵から、当藩の廻り方へ手紙が来た。手筋をたぐって調べていた男の一人からの情報が書かれていた。

手紙には、確認のために小松藩から人を寄越してくれとあり、それで足軽の塩手順吉と目明し半平を夜に出立させた。

二人は今日の四つ時分（午前一〇時頃）に帰ってきて、次のように報告した。

松山藩でも幾つかの寺から仏具が盗まれたので探索していたところ、元志川村に住んでいる医師の三達、佐平とほか一名の三名が犯人で、四〇ヵ所ほどの寺から仏具を盗み出したという。

横峰寺に盗みに入ったのは三達だ、と佐平が自供した。三名は松山藩領の者であるが、小松藩で捕えてもよいという。

このような内容であった。

寛政八年七月四日

横峰寺の仏具を盗んだのは、去年よりこの辺で評判になっている萩（現山口県萩市）の鋳掛屋《いかけや》（鍋や釜の修理屋）のしわざという情報が入った。

先月に西条藩領の豊田村に、横峰寺から盗まれた品物があるというので、廻り方の佐名木源吾を品物の取戻しに派遣した。その時に、豊田村の居酒屋で前記の鋳掛屋がいたという話を聞いていた。

一昨日の七月二日に、鋳掛屋を召捕るために廻り方の広田瀧蔵と半平をさし向けた。半平は、関の峠で知人の川之江村の商人と出会い、鋳掛屋の所在を尋ねたところ、目あてにしている鋳掛屋は、今日は郡上村にいるという。

二人は商人に案内をたのんで、ひとまず寒川村に宿泊した。夜に商人が宿へやってきて、鋳掛屋は昼に郡上村の鍛冶屋《かじ》にいた。鍛冶屋は、今晩は寒川村での芝居見物に行くそうで、鋳掛屋も一緒に行くと知らせてきた。

商人を芝居小屋へ行かせたところ、鍛冶屋と鋳掛屋が観に来ていたことが確認できた。

瀧蔵と半平は、芝居が終わって出てきた二人を待伏せし、鋳掛屋を召捕った。

記されている豊田村《とよだ》、郡上村、寒川村《さんがわ》はいずれも小松領内ではない。廻り方や半平は他領内で、犯人とおぼしき者を逮捕している。廻り方や目明し、それに松山藩のくらがり方の者達は、自由に他領へ出入りができた。

鋳掛屋が白状したのは、横峰寺へは四度盗みに入り、去年盗み取った金の灯籠《とうろう》は西条で、芸州（現広島県）から来ていた紙屑《くず》買いに売りはらった。今年盗んだ仏具は今治の町で売った。盗んだ他の品は、金剛盆と金物類だという。鋳掛の道具は寒川村の山口屋に置いてあると申し述べた。

鋳掛屋に縄をうって小松へ連れ帰り、ただちに牢に入れた。

盗んだ雑物を諸方へ照会したところ、二ヵ所で盗品に間違いないとわかったので、盗品を役所へ持参させた。

七月一〇日に、横峰寺で盗まれたという仏具の調査のため、藩は足軽の塩手順吉と広田瀧蔵を今治へ派遣した。翌日に二人が今治から帰ってきて報告したのは、このような内容であった。

鋳掛屋が白状したように、今治の北新町にある三嶋屋清五郎の店を訪れて事情を聞いた。清五郎は、鋳掛屋は四度来て仏具は三度買ったことに間違いないという。

盗品を買うのは心得違いであり、これらの品を誰かに売ったのなら買戻すようにと説得したが、清五郎はあれこれと理由をつけて従わなかった。

清五郎は、もし表沙汰になったら、その時は自分の潔白を申し立てると言ったので、順吉は今治の町役人の追矢五左衛門と相談した。

五左衛門が言うのには、当方でも表沙汰にするのははなはだ難しい。小松藩のほうで表沙汰にする気持ちがあるのか、と訊かれたので、こちらは内々で済ましたいというのが本心だと伝えた。

他藩にも犯行や関連が及んでいる場合に、表沙汰になると、公式な照会や調査、犯人の引渡しなどは藩と藩との交渉になる。煩雑な書類のやりとりと事務の担当者を決めねばならず、双方とも避けたかったのであろう。記述は続いている。

今治藩では清五郎を町役人宅へよび出して訊問すると言ったので、順吉と瀧蔵は宿屋へ泊まって待機した。

宿屋へ町役人がやってきて、清五郎が買い入れた品々は上方《かみがた》へ運ばれたものや、近所の島の者に売ったのもある。近所に売った品は取り寄せることもできるが、上方へ売った品は取り戻すことが難しいので、代金を返すように清五郎に申しつけた。

このように述べて、さらに内済にするにも準備をするのが必要なので、四、五日のうちに清五郎を小松に向かわせるので、御両人は先に小松に帰ってくれ、と町役人は告げた。

清五郎は内々で町役人に預ってもらうことにした。今治藩の足軽の岡尾伴次は知人なので、この男へも清五郎の口述書ができたらこちらへも渡してくれるように頼んでおいた。この件は町の年寄も請けあってくれた。

以上が順吉と瀧蔵の報告である。

今治藩の町役人達は、自領の町人について他藩の者から盗品を買ったと告げられても、なるべく穏便に済ませたいという思惑があったのだろう。日頃から懇意にしている町家を庇《かば》う気持ちは当然といえる。しかし事態は予期せぬ方向に動いた。順吉達が帰ってきて一ヵ月ほど後の八月二〇日のことである。

先達て入牢を申しつけていた鋳掛屋が、今朝、牢抜けをしたという。番人から塩手順吉に報告があったと祐左衛門が会所へ申し出てきた。

事情を聞くと、牢の錠前を開けて逃走したという。錠には疵もついていなくて、隣の牢に入れている者も気づかなかった。番人も寝入っていて、朝になって逃げたことを知ったという。

鋳掛屋は錠前についても精通していた。早速、追跡の手配として、東の方へは足軽の岡本貞吉と目明し半平、西の方へは広田瀧蔵と渡辺判右衛門、北の方へは塩手順吉と首藤平太をさしむけた。いずれも雨具を持たせ、小人を一人ずつ同行させた。

横峰寺の窃盗事件は、犯人が逃走したのでうやむやのうちに終わった。今治藩との交渉も徒労であった。鋳掛屋がいなくなっては、清五郎の盗品買入れも立証することができなくなったのであろう。この結末について、会所日記には記録されていない。

鋳掛屋が逃げたと大騒ぎをした翌々日に、また新たな盗難届けがあった。盗まれたのは小舟だという。

同年八月十七日の夜に、広江村の重左衛門という者が、網伝馬舟《あみてんまぶね》を川筋に置いていた。十八日の朝に舟が見あたらないので、川下にある西条領の後新田へ探しに行った。そこで自分の舟がつないであるのを見つけた。近所の者に訊くと、この舟をつないだ心当りの者がいるという。

その者を訪れて掛けあうと、盗品と知らずに買ったという。買ったのはほんの少し前なので、盗人はまだ近くにいるだろうと後新田の人達を出して探してくれることになった。

舟はそのまま預けて帰り、重左衛門も広江村の人達に話した。それで広江村からも人を出して探した結果、盗人を捕えることができた。

盗人は一匁五分の日当で雇われて、壬生川の源次の家へ質物を受け取りに来たという。運ぶのにちょうどよい舟があったので盗んだと白状した。源次宅へ行ったが留守だったので、その家で待っていると後新田から追手がやってきた。逃げたが宝寿寺の裏手で捕まってしまったと述べた。

後新田の者達は盗人を連れ帰り、同行した広江村の者達との間で交渉がはじまった。

広江村の者達は、舟と盗人とを一緒に引渡せと言い、後新田側は一札書いてくれれば盗人も渡すと主張した。しかし広江村側は、一札を書くことはできないと言いはり、交渉はもつれた。

舟は二一日に重左衛門が受け取り、広江村の者達は、もし盗人が西条領を追放になったら知らせてくれと後新田の者に頼んだ。

その後の交渉は、西条藩の廻り方の原伊兵衛と小松藩の廻り方の高橋次郎太が引き継ぐことになった。むろん藩どうしの正式な折衝ではない。すべては内々の話であった。盗人は西条藩から追放になるという見通しであった。

二十二日に盗人を国境の林昌寺の林まで連れてくる。そこで追放すると西条藩の廻り方から次郎太に連絡があった。

小松藩の廻り方二人と半平が盗人の身柄をおさえるために指定の場所で張り込んだが、行き違いがあったのかうまくいかなかった。

次郎太などが西条藩の廻り方を詰問したところ、盗人は壬生川忠次郎という者であるが、盗人の同類はなく、これまで西条藩内で悪事を働いたこともない。

それで忠次郎は追放でなく、村預けになったという。

窃盗事件ではないが、半平が関与している興味深い記述がある。寛政一〇年一月一九日の日付である。

萩生村の段上で、先年追放になった孫十郎の家に、孫十郎の妻と娘が暮らしていた。

先頃から、阿州（現徳島県）の浪人がこの家に入り込んでいるという噂があった。廻り方の者と半平とがつねづね注意をしていたが、浪人を見かけたことはなかった。

しかし浪人が居住することは御法度である。一昨日の十七日の夜に、塩手順吉と半平が孫十郎の家を訪れた。そこには浪人が居合わせたので、なぜ浪人になり、ここに住みついているのかを尋ねた。

浪人はまったく申し開きをしないので、当領への浪人の立入りは許されていない、早々に立去るように伝えた。その時は役目柄、国境の隅野村まで送っていき、境の外へ出るのを見とどけると話した。

女達はこの浪人を慕っている様子で、浪人に対して、ここに居ても村役人や近隣の者と難儀になるので、立退いたほうがよいと申し述べた。

半平らは萩生村の村役人に、浪人の件を伝えておいたと報告しに来た。

寛政十年正月二十六日
萩生村の孫十郎の家にいた女達は、二十日の夜、家を明け渡してどこかへ立退いた、と二十二日に村役人から会所へ届け出があった。

この浪人は、寛政七年七月に大生院村で誰何《すいか》された者と同一人かもしれない。

追放された孫十郎の妻とねんごろになり、住みついたのであろう。妻と娘も浪人につれ添って立退いた。

浪人というと、裏長屋に住んで傘張りの内職をしているというイメージがうえつけられている。なかには悪徳商人の用心棒となっている浪人達を連想する人もいる。いずれも髭《ひげ》面《づら》で貧困か凶悪さをあらわしている。

江戸期にはあいつぐ改易により、主家を失った浪人が大量にうみだされ、事故や素行上から主家を追われて浪人になった者もいた。

浪人は再仕官や商家に雇われたり、遊芸の師匠になったり或いは盗賊になる場合もあるが、生活の実情は不明である。所属する藩や寺社または家が無いか、その証明ができない浪人は、不審者として社会から排除された。言うまでもなく、浪人を宿泊させることは禁止されていて、宿主も処罰された。小松藩も例外ではなかった。

半平という目明しを通じて、当時の社会のしきたりを知ることができる。

浪人の件以後、なぜか半平に関する会所日記の記述は途切れる。病気になったとも書かれていなくて、奇妙なことである。

ただ、寛政一〇年より三四年後の天保三年（一八三二）に、珍しく半平の名前が書かれている。

半田村で盗みをした熊太郎という一八歳の坊主が、西条藩の東具条村で捕まっている。その時に半平が取調べに立会いたいと申し出て、一両日中に西条藩へ向けて出発するという記録である。半平はかなりな老齢のはずである。おそらく最後の御奉公であったのだろう。

藩の下級の警備役である廻り方は、他藩の同類との内密な交渉によって事件を処理していた。このような事実は、半平の関連記録によってのみ知ることができる。

善政

これまで、小松藩の財政状況の苦しいこと、商人や農民から借りた金の返済を催促されたことなどを述べてきた。小藩ならではの苦渋であった。

また一方で、人々の暮らしや考え方、生きるための欲求や娯楽にもふれてきた。しかし、小さい規模の藩であるから或いは財政規模が小さいから、藩士や領民の生活が困窮したとは断定できない。

小規模な経営であるがゆえに、福祉や医療が粗末なものだったと考えがちであるが、それなりに配慮もされていた。むしろ、努力して難局を切りぬけようとした事実もみられる。

これを端的にあらわしているのが、飢饉《ききん》への対応である。
武田三郎氏の研究によると、享保一七年（一七三二）春の異常発生による虫害が生じた時のことである。秋の米の収穫は皆無に等しく、大飢饉となり、四国全体に大きな被害をもたらした。
小松藩でも、飢えて藩の救済を必要とする「飢人」が総人口の四割を超える人数になった。しかし、一人の餓死者もでなかった。他藩の状況と比べてみると、享保一七年から同一八年にかけて、
今治藩　餓死者　一一三人　飢人　約二万六五〇〇人
松山藩　餓死者五七〇五人　飢人　約六万五〇〇〇人
となっている。松山藩は領地も広く人口も多いので、被害も大きかった。しかし、幕府はあまりにも多い餓死者と飢人は人災の面もあるとして、松山藩の失政と断定した。藩主は約三ヵ月の謹慎を命じられた。
餓死者を出さなかったのは小松藩の善政といえる。
小藩であるがゆえに、領内の隅々まで不作の徴候を事前に把握していて、早急に対策をたてたからである。日頃から飢饉に備えて備蓄米を用意していたことも大いに役に立った。前に「小松藩の財政状況」を述べた節で、前年から繰越した藩の手持ちの米は二六五〇

石、次年度への繰越した米は二一〇〇石と記した。

年代からみて、繰越し米はかなり後の時代ではあるが、年貢米収入の半分に近い多量の米をつねに備蓄している。飢饉対策のためであろう。以前からの教訓を踏襲していたと考えられる。


この後も、小松藩では、天明二年（一七八二）の大洪水による凶作にはじまって、寛政四年（一七九二）まで断続的に洪水やひでりが続いた。

これが藩士の給与削減の原因になったが、領民の「極めて難渋の者」も少なくなかった。これらの人達に対して、藩は一人につき一日に米一合を支給して救済した。

また、天保三年（一八三二）から天保九年まで続いた凶作は、「極めて難渋の者」が全領民の三割近くの三〇五〇人にものぼった。この時も藩から救済米を二一五石支給している（天保七年）。さらに最も困った村々へは他の村からの救援を指示して、領民一体となって飢饉をのりきろうとした。

領民の生命を守ることを最優先した小松藩の姿勢は高く評価されるべきであろう。

飢饉への対策だけでなく、藩士への教育や人材登用にも充分な配慮がなされている。会所日記の幾つかの記録を解読すると、以下に述べるようなものである。

寛政二年八月二十九日

黒川六郎右衛門より舎人あての文書を受けとった。文面は、私の倅の宗次が学問の勉強を志し、京都へ上ることを願い出ましたところ、御扶持も下され、京都で学問に励むようにとお許しいただき、有難きしあわせに存じ奉り候とあった。以前の嘆願を許可したからである。

寛政五年七月一日

江戸からの御用書にこのように記されていた。

足軽の岡田仙蔵が、手跡（書道）の修行をしたいと熱望している。しかし小身の者なので、師匠について習うにはつけ届けが必要であるが、とうてい負担できないと田村藤七から話をきいた。

仙蔵はもともと手跡が好きであり、手筋もよいので、もう一段、修行をすれば藩のお役にも立つことができると藤七が申したので、このたび、手跡の師匠への盆と暮れのつけ届け金として、金百疋を上様より下さることになった。

仙蔵には今後も油断なく精を出すようにとの御達しであった。

これらは修行するための奨学金の支給である。個人の希望を支援するためのものである。

寛政五年一〇月五日の記述は、江戸藩邸に詰めていた田村勇馬という藩士が、兵法の修行を続けていて、太刀の使い方を会得したという記事である。江戸詰を解かれて帰郷したが、「剣術の世話」をする役につけたい、と家老の舎人から藩主に指示を仰ぐ文書である。

江戸は剣客も多く、剣術の水準も高かったのであろう。江戸で剣術を学んだというのは特別な評価を得たに違いない。ただ「剣術の世話」というのは指南役でなく、道場担当の任務と思える。田村勇馬が「剣術の世話」係に任命されたので、これまでその役についていた棚橋定右衛門は作事係へ配置転換になっている。

寛政六年九月十九日
中嶋益三郎は近頃、軍貝（軍事用の法螺貝《ほらがい》）を吹く訓練を熱心におこない、このたび皆伝の域に達したという。上様はこれをお聴きになり、これまで類の少ない技であり、皆伝ともなれば何かの時の備えにもなるとお褒めになった。
そのうえ、皆伝を受けるまでにかなりな費用も支出したのであろうが、小身者なので負担であったと思う。そのため金三百疋を与えると仰せになり、石黒甚右衛門より益三郎に申し渡した。

寛政六年十月十三日

佐伯甚太夫より願書を舎人に差出す。

文面は、

このたび大坂において、わたしの師家より砲術、火術の稽古をおこなうので、私に修行のために大坂に来るように伝えてまいりました。それゆえ、往復三十日の御暇をお願い申し上げます。

十月十三日　　佐伯甚太夫

と右のようなものであった。

修行は火矢の丁打ちや相図《あいず》の火などの由であり、これは何かの時の御用に役立つ稽古でありますゆえ、願いの通り仰せつけられてしかるべき旨を上様に申し上げ、勝手次第にせよと舎人より指図しておいた。

このように藩士が勉学を志した時ははなはだ寛大で、希望通りの休暇も与えている。家老が専決していたのも、今後の藩のために役立つと判断したからである。

人材の登用はほかにも会所日記に散見され、小人役《こびとやく》の平蔵が数年にわたり職務に熱心であったので、足軽にとりたてた例（寛政七年一一月二七日）もみられる。

また、他藩で「いささかの間違い」があって解職された足軽で、小松藩に奉公を願い出た者があった。他藩の有力者の推薦状もあり、面接したところ「人品卑《いや》しからず」として有能な者はすぐさま採用している。

数少ない藩士や足軽であったので、向学心の強い者を優遇しているが、これも善政といえる。

抜擢《ばってき》は下級武士だけではなかった。後に奉行にまで昇進した竹花正脩《たけはなせいしょう》もその一人である。どのような家柄の生まれか不明であるが、幼名を富次といい、通称を堅蔵という。小さい時からずっと秀才と言われていたが、一八歳の時に京都での勉学を許されて、儒者の山田静斉のもとで五年間学んだ。二二歳の時に中小姓役、三九歳の天明三年に六〇石の扶持をいただいて、用人役となり奉行に任命された。

竹花正脩の功績の一つは、享和《きょうわ》二年（一八〇二）に藩の学問所（翌年に養正館と命名）をつくり、人材の養成につとめたことである。この藩校は藩士の子弟だけでなく、農家や商家の者であっても、希望者には入校を許可した。名の知られた儒学者の近藤篤山《こんどうとくざん》を招いたのも正脩の尽力による。

その他、田岡俊三郎は、二三歳の時の嘉永三年（一八五〇）に槍術《そうじゅつ》諸国修行の藩の命令により五十余国を巡回している。加藤半次も抜擢されて、嘉永四年から槍術師範を務めた。代々の家老である喜多川家も、後を継いだ当主達が真摯《しんし》に藩政にとりくんできたが、これを補佐する藩の幹部達は、家柄にこだわらず登用された。これも小松藩が長く続いた要因の一つであろう。

泥酔

嘉永元年（一八四八）七月四日、夜の五つ時（午後八時頃）のことである。警備の巡回役である廻り方の加藤周蔵が、月番の上司である菅与左衛門宅へあわただしく報告に訪れた。

足軽の佐伯源三郎が、新屋敷村の船山《ふなやま》にある居酒屋の野間屋岩八の前の路上で、玉之江村の百姓を斬った、という情報を耳にしたからである。

人が斬られた、というのは大事件である。

命令をうけて調査のため加藤周蔵が野間屋におもむくと、一人の男が怪我で倒れていて悲鳴をあげていた。亭主の岩八は大酔して高いびきで寝ていて、起こしたが何を言っているのかよくわからず、また眠り込んでしまった。

付近を尋ねまわった周蔵が得た情報は、足軽の日野軍蔵と同僚の佐伯源三郎が野間屋で酒を飲んでいたところ、通りかかった百姓と何か争いになったようだ、というものであった。

周蔵はただちに新屋敷村の村役人に知らせ、野間屋に番人をつけ、怪我人を手当するように申しつけた。この事件はすぐに簡単な報告書がつくられ、家老の喜多川伊織と御物《おんもの》頭《がしら》の石黒甚右衛門へそれぞれ届けられた。

足軽のしわざと聞いて、月番の菅与左衛門は足軽小頭の加地三十郎を会所へ呼び出し、軍蔵と源三郎に明朝会所へ出頭するように伝えよ、と命令した。

翌七月五日、日野軍蔵は会所へ出頭したが、佐伯源三郎は「宿酔《ふつかよい》」のためという理由で出頭しなかった。日野軍蔵の供述は長文であるので、いくつかに区切って説明すると、最初に申し述べた部分はこのようなものである。


昨夜、武術の稽古が終わって出口の大木戸まで歩きながら、日野軍蔵、佐伯源三郎、佐伯市二の三人で飲みにいこうという話になった。源三郎は新屋敷村を廻ってから後で行くと言い、軍蔵も近所に立寄るところがあるというので、いったんは別れた。落合う先は船山の居酒屋であった。

市二だけがさきに野間屋へ行って飲んでいるところへ、軍蔵がやってきた。先客があるのか、声高《こわだか》に話しあう声が聞こえてきて奥のほうが騒がしかった。

そこへ亭主の岩八が二人のところへ来て、勝手の方へ来てくれというので覗いてみたところ、百姓が三人で酒を飲んでいた。

百姓の一人は、林の売買の話がまとまったので一杯やっている。皆様もおひとつどうぞというので、市二と軍蔵も加わって五人で酒盛りをした。亭主の岩八も共に飲んだ。

周蔵の調べによると、岩八は百姓仕事が嫌で酒好きだったので、自分の飲み代だけ稼げばよいと居酒屋をはじめたのだという。そのうち酒好きが集まるようになったが、岩八はつねに客と一緒に飲むような男だという評判だった。

小松藩の足軽は最高でも四石二人扶持で、通常は三石四斗二人扶持である（嘉永七年の規定）。代々の武士ではなく、農家の次男三男であった者達も多い。住居も武家屋敷に住んでいるのではなく、ほとんどが自宅からの通勤である。他の藩と違って、例外ではないが小松藩は苗字《みょうじ》と帯刀を許しているが、家臣団のなかでは最下位の位置である。したがって、百姓との身分差もないといってもよく、誘われて一緒に酒を飲むのに違和感はなかった。

狭い領内であり互いに顔見知りである。足軽の家族が、百姓と婚姻関係にある場合も少なくなかった。

軍蔵の供述はさらに続いている。

遅れて源三郎がやってきた時には、酒はあらかたなくなっていた。源三郎は、酒がなければ焼酎をもってこいといい、茶碗に五つ六つ続けざまに飲みほした。一同は大酔してしまった。

軍蔵は源三郎に、もう充分飲んだのだから、少し涼もうと屋外に連れ出した。そこへ玉之江村の百姓の三作が、これも酔っていて、小便をしながら歩いてきた。

酔いのまわっていた軍蔵が三作を見て、「横着千万《おうちゃくせんばん》」と咎め、源三郎も「不届き」と叱りつけた。三作は、「私がなぜ横着なのか」とくち答えをして、二人をふり切って立ち去ろうとした。源三郎は腹をたてて、やにわに脇差を鞘《さや》ごと抜いて、三作の頭を殴りつけた。殴った拍子に鞘が飛んで、刀身がむきだしになってしまった。

三作は倒れ、あわてた軍蔵が源三郎を後から抱きとめた時、転んだ三作の跳ねあげた足に刀身があたり、脛《すね》を斬りつけた。

偶然である。軍蔵と源三郎が居酒屋の外に出た時に、向こうから来た三作と出くわした。たぶん、三作は陰茎を出し、歩きやすいように左右にふりながら小便をしていたのであろう。これが二人にかかりそうになったのか、袴《はかま》の裾《すそ》を濡《ぬ》らしたのかもしれない。それで怒った源三郎が、脇差で殴りつけたのであろう。

軍蔵もひどく酔っていて、詳しくは覚えていない。

この直後の処置が適切ではなかった。酒のうえとはいえ、もう少し対応が違っていたのなら、その後の展開も変わっていたのであろう。居合わせたすべての者達の、誰もが予想しなかった方向に事態はすすんだ。軍蔵が述べたのは次のような事実である。

泥酔していた源三郎は、殴りつけて力がつきたのか、道端に坐りこんでしまった。

三作も脛から血を流して、路上から起き上がれなかった。

軍蔵はよく覚えていないが、三作に詫びを言い、「野鎌《のがま》で誤って切った、ということにしておいて、はやく家に帰れ」と告げた。三作は「痛くて歩けない」とうめいていた。

軍蔵は、騒ぎを聞いて居酒屋から出てきた佐伯市二に、「この男が鎌で怪我をしたと村の者に伝えてくれ」と言いのこして、源三郎に肩をかして、二人とも千鳥足で家に帰った。

このあと、玉之江《たまのえ》村から村人達が駆けつけて、とりあえず三作を居酒屋へ担ぎこんで寝かした。玉之江村の者達は薬を求めたり、自分達の村へもさらに人手を求めるために外出したのであろう。

加藤周蔵はこの直後に野間屋を訪れている。それで店には亭主と三作のみ居たのであろう。まもなく周蔵の命令通りに新屋敷村の組頭が来て、番人がつけられた。

組頭は医師達に診察を求めたが、真夜中のことであり、怪我人が百姓と聞くと、医師は診察を断った。吉田村の医師の門川立介は「気分がすぐれない」と言い、北川村の徳永修常も、同様の理由で往診を断った。医師の永野春沢は、「私は御上の御扶持を賜っている身分なので、御上からしかるべき御沙汰がなくては、みだりに動けない」というもったいぶった態度であった。

それで、藩の会所から永野春沢へ、「大儀ながら出張されたし」と伝え、門川立介へも村役人から往診を要請した。結局、この二人は口実をもうけて怪我人を診ることはなかった。

藩は緊急の措置として、佐伯源三郎を謹慎処分にして親類預け、日野軍蔵も謹慎、佐伯市二にも「遠慮」を申しつけた。野間屋岩八も「慎み」、一緒に酒を飲んだ百姓三人は、それぞれ「他行留め」になった。

源三郎の父の佐伯侶右衛門は、みずから「差し控え」を申し出て謹慎した。

他方、藩は会所へ北条村の太右衛門――三作とかかわりのある者であろうか――をよび出し、事件を公にせずに内々で話をつけるようにと申し渡した。

三作の傷は、頭部は二寸（約六センチ）ほどの浅い傷であったが、脛の傷はかなり深かった。玉之江村の医師青山幸哲が主治医となって、調薬や治療をすることになった。

三作の容態を確認するために、玉之江村の役人も野間屋へ出張してきた。役人は三作の身柄を玉之江村に引取るように、と居合わせた村人達に伝えたが、村人達は、このように一方的に傷を負わされた理不尽なことでは、連れて帰るわけにはいかない、と引取りを拒絶した。

七月六日に、とにかく怪我人を玉之江村に引取ることになった。この時、三作は食事もとらず、もつれた容態と医師の青山幸哲は診断している。

会所日記のこの頃の記述は、「玉之江村の百姓達が大袈裟《おおげさ》に申したてている」と困惑の様子である。なぜなら他領の村々でも、小松で傷害事件があり、それを小松藩が内済で決着をつけようという噂が流れていたからである。他領といっても隣村である。百姓や物売りは互いに往来していた。他領での噂話もまた、小松領内に伝わってきていた。

会所日記には源三郎の取調べが記されている。足軽小頭の加地三十郎と加藤周蔵による訊問は続けられ、源三郎は会所長屋に拘留されることになった。空部屋がなかったので、独身の西原惣左衛門の部屋が使われることになり、惣左衛門は会所長屋から立退かねばならなかった。御徒士《おかち》の森田啓蔵が自分のところに同居させてよいと申し出たので、惣左衛門は安堵《あんど》した、という記録も会所日記にみえる。

どのような折衝があったのか不明であるが、示談が七月一〇日に成立した。源三郎が銭三〇〇目と米一俵を三作に渡し、別に薬代として一〇〇目を支払うことになった。一札をとりかわし、会所で確認がなされた。

示談が成立したので、玉之江村から源三郎の赦免が願い出されたが、藩はとりあげなかった。

七月一七日にも、源三郎の赦免願いのため、玉之江村の正徳寺の住職と藩主の菩提《ぼだい》寺である仏心寺の住職から、月番宅へお伺いするという連絡があった。藩はその必要はないと回答している。

七月二一日にも正徳寺と仏心寺から寺社方役人の森田五左衛門に、源三郎の宥免願《ゆうめんねがい》が提出されたが、これも却下された。

七月二四日になって、最終の事情聴取がおこなわれた。会所によび出されたのは佐伯源三郎と日野軍蔵で、御物頭《おんものがしら》石黒甚右衛門と御目付の黒川孝之進が立会った。二人は事実に相違はなく、恐れ入りましたと申し上げた。

七月二九日四つ時（午前一〇時頃）、刃傷事件の裁許が申し渡された。

船山の野間屋岩八宅にて、佐伯源三郎が玉之江村百姓三作へ、手傷を負わせ候一件

一、永の御暇下され、御給米はすべて上納申しつける　足軽　佐伯源三郎

一、厳しく叱り申しつける　足軽　佐伯市二

一、前同様　足軽　日野軍蔵

同日九つ時（午前十二時頃）、村役人が岩八を召し連れて出頭

一、東町坂之下へ転居申しつける　船山　岩八

裁許の申し渡しのあと、佐伯侶右衛門はみずから謹慎すると願い出たが、その儀に及ばずと却下されている。

双方ともに酒に酔った刃傷沙汰は、このような結末で終わった。示談が成立したのに、永久追放という源三郎に対する処罰が重すぎたのかは、読者の判断におまかせしたい。

時代劇では、あまりにも人を斬る場面が多すぎる。見せ場をつくるための演出であろうが、正義の武士も悪徳役人も、決して殺傷を日常のようにおこなっていたのではない。まして、生産者である農民を斬ることは堅く禁じられていた。そのことを意識していた源三郎は酩酊《めいてい》していても、刀を抜かず「鞘ごと」三作を叩いたのであろう。ただ言えることは、この判決も藩外の風評が大きく影響している。小松藩は傷害事件を内済にせず、厳正に処罰したことを示さねばならなかったからである。

海　防

明治維新を一五年後にひかえた嘉永六年（一八五三）。この年の六月、提督ペリーのひきいる軍艦四隻が来航した。いわゆる黒船騒動の年である。

その後、ロシア艦隊が長崎に来航し、さらに大坂へ来て大坂湾の測量をはじめた。黒船の近畿《きんき》への接近で小松藩も幕府の命令により沿岸警備をはじめることになった。小松藩も瀬戸内海に面しているからである。

藩内を北へ流れて瀬戸内海の燧灘《ひうちなだ》にそそぐ小松川がある。この河口のごく狭い海岸が領地になっている。燧灘に面した海岸は遠浅で、この頃も明治になってからも、人々は裾をたくし上げて河口を往来したほどの浅瀬である。大きな黒船が接近することは不可能であった。それでも幕命により海防体制をとらねばならなかった。

さて、具体的な海防の準備にとりかかると、幾つもの不備が明らかになった。二〇〇年以上も戦争をしたことのない藩である。軍事訓練はせいぜい狩猟の時だけだった。すでにみたように、財政がつねに良好でなく、軍備どころか内政に精一杯という状態であった。海防など予想もしなかった事態といえる。

不備の最初は、異変を知らせるのに吹く法螺貝の件であった。異国船の接近を知らせる役を仰せつかったのは田代常右衛門であった。それで、練習のために法螺貝をお渡し下さいと藩に願い出た。下賜された法螺貝を常右衛門は試みたが、鳴りかたがはなはだよろしくないことがわかり、これでは実用にならないので、藩は新品を購入して下げ渡した。

次は「合図《あいず》の打ち方」を命じられた一柳格之助からの苦情である。大筒（大砲）が使いものにならないという。これは異国船を砲撃するのではなく、筒音（砲声）で黒船の近づいたことを知らせる役目である。

格之助は、藩が所有している口径四寸（約一二センチ）の大筒を点検したところ、傷みがはげしくて弾丸を打つことのできないものだった。いたしかたなく、代りに口径三寸（約九センチ）の筒を海岸に近い円覚山のうえに引揚げた。ここに据えて、異国船の報知に使うことにした。

足軽達へは、万一の出陣の場合に備えておくように命令が下った。他の藩とちがって小松藩は農家の次男三男を採用して、苗字帯刀を許していたが、防護具などの武具は支給せず自前で調達することになっていた。

足軽達は口々に、暮らしにおわれて具足（胴当てなどの装備）は準備していない、具足があっても紐がほころんだり、すり切れたりしていて修繕する金もない、と言いたてた。具足を整える費用のため、金を貸してほしいと足軽達は藩に申し出た。藩はやむを得ず、支度金として足軽達にそれぞれ二分（今の価値で一万円ほど）ずつを支給しなければならなかった。

藩は河口に近い三つの村へも、百姓達がもし異国船を見かけたら、ただちに役人に知らせるようにと通達した。海に面していない新居郡の村々へも同様の命令を下した。

どうにか防御体制は整ったが、藩内部にも問題が多かった。御館から海岸までは一キロ半ほどの距離であるが、巡回や連絡のために馬が必要であった。

会所日記のこの時の記述は、

馬術稽古用馬匹　一疋

となっている。

信じられないことであるが、藩の公用馬は訓練用に使う馬がただ一頭だけであった。今後の出役などを考えると、公用馬はせめてもう一頭備えておきたい、というのが家老と奉行の相談した結論であった。

ちょうどその頃、新居郡から馬を牽《ひ》いてきた者があったので、戦士頭の喜多川又三郎と佐伯助左衛門が馬場で試乗してみた。少々の難点はあったが、まあ良いだろうということで、馬の代金五両二分を支払った。

ところが一〇日ほど経って、馬や諸道具を管理する御用方の者から家老へ進言があった。新しく買い入れた馬は「筋くじけ」で馬医者に診せねばならない、というものであった。これで、使いものにならない馬に、藩が五両余も払ってしまった失態が明らかになった。

藩は御旗奉行の長谷部友作へ防御出役の筆頭を命じた。新しく購入した馬は具合が悪いので、自分の馬に乗って出役の御用をはたすようにと命令した。つまり公用の馬ではなく、個人の私用の馬を使えという指示である。

防御出役の筆頭は、海防に動員した氏名を記した「人数繰出行列帳面《にんずうくりだしぎょうれつちょうめん》」を受けとり、先頭にたって藩士をひきいる役目であった。海防の防衛部隊の部隊長である。

しかし都合の悪いことに、長谷部友作は以前から重い痔疾《じしつ》で、馬に乗ることができなかった。一身上の都合で友作は大任を辞退すると申し出た。

やむを得ず、筆頭の役目を急遽《きゅうきょ》交代することになった。足軽組頭の菅太郎左衛門をよび出し、一番手の出役を命じた。

このようにして、とりあえず藩内の防御体制は確立した。

嘉永六年九月一九日、大坂西町奉行所より出兵が命令された。

異国船が天保《てんぽう》山沖に碇泊《ていはく》したので、大坂に蔵屋敷のある藩は、人数の多少にかかわらず出張せよという伝達である。

小松藩の大坂蔵屋敷出役の佐伯孫太夫からは、藩の実情を知っているためか、さしあたって、足軽一、二名は差出さねばならないと連絡してきた。

国元では、とりあえず御蔵役の岡田登市に足軽岡部弥惣次、小人《こびと》（雑役夫）二名の計四名に大坂への出張を命じた。支度金として金二分ずつ、小人へは一分二朱を渡し、具足三領と幕一張も持っていくことになった。

大坂に着くと、佐伯孫太夫は町奉行の佐々木信濃守《しなののかみ》より港内の天保山に場所をかまえるように、との指示をうけた。小松藩の防衛場所である。同時に、異国船の旗印には平仮名で「おろしや」と書かれていて、その下には判読できない文字らしいものが書かれていた、という情報を得た。

異国船は測量のために兵隊を上陸させたという報《しら》せと、場合によっては実力で追い払うこともあるという通知が小松藩に届けられた。

藩では追加の人数を派遣することになった。御番方の神野外記、足軽原田繁右衛門と槍《やり》持ちの徳次である。この時は六匁の重さの弾丸がうてる鉄砲二挺もたずさえることになった。

同じ頃、隣藩の西条藩からも異国船の情報が届いた。たぶん紀州藩が物見船を出して親類の西条藩に知らせたのであろう。異国船は長さ三〇間余（約五〇メートル）もある大船で、大砲も多数備えているようだという。小松藩は西条藩から得た情報をただちに松山藩と今治藩に伝えている。

大坂からは新しい報せが次々と入ってきた。天保山に、小松藩の警固場所という高札を立てたが、配置替えになった。当時の中津《なかつ》川の河口になっている伝法《でんぽう》村（現大阪市西淀川区）が新しい警固場所である。

この地の配備が手薄なので、大坂西町奉行川村対馬守《つしまかみ》の命令によるが、幕府も事態の対処に敏速に対応できなかったのであろう。小松藩はさらに雑役の四人と小屋普請のため、松田清助に大工達をひきいさせて派遣することにした。

伝法村では名主細屋佐平の浜に、東西約四間（約七メートル）、南北三間（約五メートル）の「御固《おかた》め場」という小屋を造り、引き幕を張り高張提灯《たかはりぢょうちん》を立てて小松藩の陣地とした。一〇月一日のことである。一行は佐平宅を下宿として、玄関に鉄砲三挺を据え、中津川の河口にも番所を建てて、ここにも藩の幕を張った。

小松藩からも出兵したことを大坂奉行所に示すことができた。


異国船の動静は明らかではなかったが、一〇月三日には平穏に紀州沖に退いたことが大坂奉行所で確認された。それで、各藩から出張した人数は、目立たぬように減らしてよい、という内々の通達があった。

一〇月八日早朝、大坂東町奉行の佐々木信濃守より、異国船は大洋へ出てしまったので海防の各藩は、今日より引き払うようにとの命令が伝達された。

幸いにして戦火をまじえることはなかった。

小藩らしい狭い守備地域と少人数の出兵であった。結果からみると、ただ伝法村に滞在したただけともいえる。

一二月になって、小松藩は大坂へ出張した者達に特別手当を支給している。会所日記には、

一、金二百疋　御代官　佐伯幸之助

一、同断　大元締　近藤保介

右は昨年来の異国船の件につき、御用多きところ出精にあい勤め候につき、これを下さる。

このように記されていた。

越後従軍

明治維新の内戦は、この年が干支で戊辰《ぼしん》の年にあたるので、戊辰戦争とよばれている。

慶応四年（一八六八・九月に明治と改元された年）に徳川慶喜《よしのぶ》の征討が命令され、小松藩も官軍に加わって出兵することになった。新潟で徳川軍と交戦するためである。

この時の記録は、表紙に「岡田吉左衛門　慶応四年越後従軍略記」と記され、次頁に「大惣督《だいそうとく》兵部卿仁和寺宮《にんなじのみや》に御随従の越後出兵略記」と書かれた冊子が残されている。

新潟への出兵は、この年の六月二三日に京都を出発して、一一月二八日に小松に帰還するまでの五ヵ月余の日記体の記録である。筆者の岡田吉左衛門は部隊の経理係である会計方の役目なので、直接の戦闘には参加していない。それゆえ、なまなましい交戦の記述はないが、逆にどのような出兵であったのかを知ることができる。

前節で小松藩は異国船防御のため、少人数を大坂へ派遣しているが、警備を担当しただけで、短期間で帰国したことを述べた。戊辰戦争への参戦は、藩がはじまって以来の本格的で大規模な出兵といえる。

出兵の編制は、総督が黒田左之助、隊長が黒川知太郎、副隊長が菅直記で、分隊長が神野男也ら五人、他に医師の永野良節、会計方は岡田吉左衛門ら四名、さらに会計下掛二名、舟掛一名であった。これ以外に足軽の兵隊が二六人、小人の雑役夫が九人の総勢五一人で、士分の者へは朝廷から錦の合印が支給された。別に隊として錦の日月のある旗が下賜された。

藩をあげての出兵が総勢五一人とはあまりにも少ないが、小松藩としては精一杯の動員であろう。足軽をふくめて百余人の藩士なので、半数近くが参戦したといえる。

京都では近隣の諸藩の兵隊と合流し、新潟へ向けて一緒に出発し、戦場でも協力して行動している。近藩は明石《あかし》藩（現兵庫県明石市を主とした領地。以下同）、小野藩（現兵庫県小野市）、三日月《みかづき》藩（別名乃井野《のいの》藩、現兵庫県佐用《さよう》町）、足守《あしもり》藩（現岡山市）などで、ほぼ同様の規模の藩である。とりわけ小野藩は同じ一柳家が領主で、親戚《しんせき》関係にあった。

京都で近藩の兵隊達は、もとの会津藩邸に集結して、合同の簡単な調練をおこなってから出発している。旧暦の六月下旬なので、暑い時の行軍という記事が続いている。

約五ヵ月間の従軍日記は、三つの部分からなっている。京都から戦場となった新潟までの道中の記述、戦場での滞陣や進軍、そして官軍が勝利を得た後の帰国までの旅程である。

ただ書き手が経理担当の岡田吉左衛門なので、職務についての関心から内容に特徴がある。それに必ずといってよいほど、昼食とその食事をした地名を記していることである。何を食べたかは書かれていないが、例外もあって、六月二五日に彦根《ひこね》城を過ぎた時は、鮎《あゆ》寿司《ずし》と鰻《うなぎ》のかば焼で酒が支給されたという。昼食は腰弁当という箇所も幾つかみられる。

物資の運送も担当していたのか、「人足がたりずに行軍できない」「今日も品物が送られてきた」というのや「宿屋へ薬代として金三両を渡す」という記述もある。

また時には個人的な備忘もあって、不思議なことに戦場にある時に、町まで雑役夫の只吉と信吉に買い物に行かせている。そのついでに、吉左衛門個人の用事も命じている。これには、

かねて長岡で懐中時計を修繕に出し、接戦で（長岡を訪れるのを）見合わせていたが、この付近一帯が鎮定されたので、時計屋を探しに行かせた。ところが帰ってきて只吉らが言うのには、この一帯は焼失していて、店主をようやく探しあてたが、時計は無くなっていたとのことである。京都で金二十八両もした品なのに残念である。

八月四日にこのように記している。

従軍記の前半は新潟までの旅行記のようで、丹念に毎日の出発時と宿舎への到着時を記している。一泊しては翌早朝にすぐ出立するという強行軍である。「栗から峠から能登の海を眼下にした」という感慨もある。また、七月一六日の記述は、

北国第一の難所として知られる親不知《おやしらず》にさしかかった。浪が打上げられた時には岩角に走り、浪が引いた時には浜手に下り、大きな岩に梯子《はしご》をかけて進んだ。岩の上に

登っても、波の具合を見定めながら走った。心配したが越えることができた。

というリアルな描写である。

戦場に近くなったのは七月二四日で、京都を発《た》ってほぼ一ヵ月後である。小野藩、三日月藩、足守藩の兵隊達と一緒に行軍して与橋というところに着いている。

夕方より大砲、小砲の砲発（つねにこのように表現している＝増川）が激しく、長岡方面では夜半すぎに出火があった。

緊張した様子が読みとれ、翌七月二五日には、

前夜に長岡あたりで撃ち合いがあり、官軍の怪我人や即死が多く、敗北したという。夜の六つ半頃（午後七時頃）から再び長岡方面で撃ち合いがあり、出火があった。夜八つ時分（午前二時頃）に、町の中へ敵軍が入ってきたので、町家の一帯に戸口に灯りをつけて照らしておけ、という命令があった。

という厳戒態勢が記されている。

七月二六日に長岡《ながおか》城は落城したという報せが届くが、戦闘はなおも続いていて、二九日まで砲発は盛んで、火の手がおびただしく見えた、と書いている。官軍が勝利を得たという注進があり、火災は敵軍が敗走の時に放火したもので「破裂玉などの砲発もあり」、まだ危険な状態だという。八月一日以後も、砲声のとどろくなかを進軍したとあるが、小松藩の部隊は占領した町の市中見廻りの任務で、直接の戦闘には加わっていない。日記にも「特に記すことなし」が続いているのは、戦地での待機が多く、意外に暇な時が多かったようである。

八月一六日に村上《むらかみ》城が落城した直後、司令部からの通達が記されている。

要約すると、敵側の大砲、小砲、刀などの武器をはじめ、物資や家財などの分捕りを禁止するものである。不心得者は軍法会議にかける、諸藩でこれまで分捕った品物があれば、書面にして提出せよ、というものである。

官軍の兵隊の略奪があったことを裏づけている。

八月二七日の記録は特別なものである。

前夜、大合戦があったと述べ、続いて、

足薄手《うすで》　能智大次郎　脊深手《せふかで》　和田源八　即死　元山源太

と書かれている。初めて小松藩から犠牲者が出た。

会計方の岡田吉左衛門は、荷物の受け取りのために後方にいたのであろう。それを推定する記述が九月一九日にみえる。この日は次のように書かれている。

隊長の黒川知太郎殿より手紙が来て、白米や弾薬が乏しいと伝えてきた。早速、司令部へ行ったが、弾薬係の者は不在であった。それで薩摩藩の陣地へ行って借りようとしたが、ここでも弾薬がたりず、一ヵ月もしたら備蓄は無くなると聞かされたので、強いて借入れを相談することもなく帰った。

官軍も補給がつかず、辛うじて勝利を得たといえる。

村上の市中では、町の者は上下《かみしも》を着けて平伏して官軍を迎えたと述べている。

戦場にのぞんでから一ヵ月半、終戦は突然にやってきた。日記は、大毎村《おおごと》に泊まったと記した後、五日間の空白がある。村上に宿泊した一〇月一〇日はこのような記述である。

一、隊長黒川知太郎殿、新発田より今朝七つ時（午前四時頃）すぎに帰ってこられた。
一、明十一日の早朝に当地を出立することになったが、このため大混雑した。先発に長谷部左一太が八つ時（午後二時頃）に出立した。
一、新発田御本営より御感状をお渡しになった。左の通りである。
一、今般、奥羽及び越後の賊が降伏し、ほぼ鎮定に及んだのは、まったくもって各藩の力によるものであり、諸藩の兵隊の苦戦は甚大なものと思し召された。なお仰せられたいこともあるが、ひとまず帰休するようにとの御沙汰である。

戦争は終わった。これから帰郷である。北陸はもう吹雪になっていた。新潟では小松藩に対して感状が贈られ、帰国を急ぐが、荷物を担ぐ人足が集まらず、思うように行軍できないことが縷々《るる》述べられている。

一〇月一三日に一行は善光寺《ぜんこうじ》に着き、一同で参詣《さんけい》し、町を見物して買い物をしている。翌日も善光寺の御開帳を拝礼してから出発の準備をしている。往路と違って、休養のためゆっくり過ごしたのであろう。この日は、「宿屋はとても丁寧で、夜具は絹であった。料理もことのほか念入りであった」と記している。

一一月七日に醒ヶ井《さめがい》に到着した時に、御在所より御直書が到来し、慰労の御酒が下賜された。それで「吸物　鮒の大鉢　鯉の作り身　銘々皿に鯰のかば焼　御酒沢山下さる」と書いている。豪華な肴《さかな》と酒を沢山という表現は、戦勝気分の高まりを示しているようである。

一一月一〇日に京都に戻ってきた。藩の重役である喜多川鉄太郎、京都留守居役の武司完一郎らが一行を出迎えている。ここでも、吸物や煮魚に酒で接待をうけている。

翌々日の一二日には、喜多川らをふくめて一同は御所へ報告に参上している。再び感状と酒肴をいただいている。感状は行政官より一柳因幡守《いなばのかみ》の兵隊に対して出されたもので、戦傷の和田源八にも感状が与えられた。源八へは、別に白砂糖一桶《おけ》が下賜されている。

一一月一六日は、軍服の破れを仕立屋で修繕し終わり、各人が土産物を買いこんで、京都を出発し、伏見から船で大坂に向かっている。大坂の藩の蔵屋敷で三泊し、一九日にいよいよ故郷に向けて乗船した。しかし、風が悪いので滞船して二三日に出帆した。

一一月二八日午前に広江の港に帰着し、上陸している。風が激しくて大坂出港が遅れたからである。今在家村で一行は風呂《ふろ》に入り、長旅の垢《あか》をおとしている。凱旋《がいせん》行進をするために「大川原にて小休止いたしたところ、見物人がおびただしくあり」と書いている。

この後の記述は、はなはだ簡潔である。

一同は御館の大庭に繰込み、労《ねぎら》いの御言葉をいただき、御盃を頂戴して解散する。御倹約をきびしく仰せ出されているが、このたびの凱旋は特別のことなので、各人が悦《よろこ》んでよいとの御沙汰であった。

最初にして最後の出兵は、このようなものであった。戦死一名、重傷一人、軽傷一人であったが、とにかく、めでたく帰郷することができた。

各人に藩から感状と金二〇両が下賜された。

のんびり善光寺参りをしていた一行はまったく知らなかったことであるが、宮《みや》の越《こし》にさしかかった一〇月二八日、明治新政府は「藩治職制」を制定して全国に通達していた。

これは諸藩の役職を改めるもので、幕藩体制を廃止する第一歩であった。すなわち、藩主の個人的な家計と、藩の行政を分けるもので、行政の担当者は政府から直接に指示をうけることになった。藩主は行政の指導者でなくなり、封建領主としての役割は終わることになった。

倒幕のため越後へ向けて出発した従軍部隊が帰郷した時に、年号は明治と変わっていた。

おわりに

官軍として参戦し、明治維新をなしとげるのに微力ながらつとめたことは、皮肉なことに小松藩を消滅させる結果となった。

明治二年（一八六九）、政府は版籍奉還《はんせきほうかん》という約二七〇あった江戸時代の藩を廃止する措置をとった。

小松藩ではこの年の六月に、八代目の藩主一柳頼紹《ひとつやなぎよりつぐ》が小松藩知事に任命された。四八三石を家禄《かろく》として与えられたが、この直後の八月に病没し、僅《わず》か一三歳の九代目頼明《よりあき》が跡を継いだ。

頼明は翌年に東京から小松に赴任したが、明治四年の廃藩置県で小松藩知事という職務はなくなり、東京に戻った。頼明には明治政府から子爵が与えられた。

寛永一三年（一六三六）以来、二三五年間続いた小松藩は、このようにして終焉《しゅうえん》をむかえた。

小藩であったから改易をまぬかれたのか、幕府にたてつくこともなく内政に励み、たくみな善隣外交のゆえに藩は長く続いたのか、これほど領地が変わらずに存続した藩は、それほど多くない。

当初は隣国が兄弟の藩であったが、事情は一変し、譜代の藩に囲まれる環境になった。藩の首脳達は、つねに不安をかかえながらの藩運営であったといえる。対外政策だけでなく、藩の創始以来、たえることのない天候不順による凶作とも闘わねばならなかったのである。

寛永一九年の西日本の大きな部分が被害を受けた凶作は、領民に餓死者がでて、その三〇年後の延宝《えんぽう》年間（一六七三―八一）も飢饉《ききん》にみまわれている。

収穫を増やすための新田開発は、一七世紀後半から精力的にすすめられたものの、一八世紀初頭の大地震と、繰返された洪水や高潮により、新田はほぼ潰滅《かいめつ》した。

享保年間（一七一六―三六）に新田の再開発や塩田がつくられたが、またまた虫害による大飢饉となった。とりわけ享保一七年（一七三二）と翌年にかけての凶作は、深刻な事態となった。この凶作からの教訓は、後の天明期の飢饉対策に生かされた。自然との闘いは藩政の根幹をなしていた。

家老の喜多川家をはじめ藩の幹部達は、代々誠実に、私利をはかることなく藩政にとりくんだ。領内第一の富裕な飯尾家は、萩生村の庄屋として経済面から藩を支えた。

会所日記が書かれるようになってからは、領内の状況が詳しくわかるようになる。藩士や領民の行動が公用記録とは思えないほど細かく記されているからである。

しかし膨大な量の会所日記をすべて紹介することは不可能に近い。それゆえ、特徴的な事柄をとりだして記述した。読者の方々におおよその藩についての理解がいただけると確信したからである。

もともとは戦闘員であった武士は、会所日記が書かれるようになった頃には、完全に事務官僚となっていた。武術の腕前よりも、経済感覚と行政手腕が重要視された。藩は借家ではあるが大坂蔵屋敷を設定し、大坂商人とのつながりを深めたことは必然的ななりゆきであった。

一八世紀後半の天明年間（一七八一―八九）に、毎年といえるほど連続した大飢饉は、米価の高騰と農民の不穏な動きとなってあらわれた。藩の存亡をかけた危機のはじまりであった。

天明期に続く寛政年間（一七八九―一八〇一）は、危機が頂点に達した時期である。非常事態は藩士の給与の大幅な引下げとなったが、すべての階層の領民にはそれ以上の苛酷《かこく》な状況であった。窃盗犯が増加し、他国へ浮浪して流出する者もあらわれた。

どれほど困窮したのか領民側の記録がないのでわからないが、藩側の記録である会所日記には、小松領内で流血をともなう農民一揆《いっき》や打ち壊しは記されていない。農民の抗議と意思表示は、逃散《ちょうさん》とよばれる耕作放棄と逃亡であった。むろんこれも生死をかけた行動である。

千足山《せんぞくやま》村の一五〇人ほどが参加した大規模な逃散（明和二年・一七六五）があり、寛政二年（一七九〇）八月には萩生村で「騒動」――と藩は記録しているが――があった。

萩生村の下の原に約二〇〇〇人の農民が集まって、年貢の査定の改正や庄屋の手代の交代などを求める五ヵ条の要求を掲げた。これらの行動は、仲介に入った僧侶《そうりょ》や藩の直接の説得によって終わっている。

寛政二年の場合は、騒動の首謀者は死罪でなく領外追放であった。指揮した二名は領内他村への転居という軽い処罰であった。

小松藩内で一揆とならなかったのは、周布郡と新居郡という分地になっていて、各村が点在していたこと、各村の事情が少しずつ異なっていること、このため充分な連携がなされなかったこと、農民の要求がおもに庄屋に対して向けられたことなどであろう。

寛政年間は江戸屋敷の焼失（寛政六年一月）という突発事もあって、再建も大きな経済的負担となった。

財政危機による藩札の発行もこの時期であり、藩運営の一大転換点であった。

本来ならば、世に「寛政の改革」という徳川幕府の政策や国内の社会情勢を述べるべきであるが、あえて省略したのは、できるだけ小松藩を見つめようとしたからである。

藩札発行により、一時期は財政危機を脱したかにみえたものの、長期的にみればさらに深刻な経済構造となってしまった。借入金はますます増え、改善は不可能な状況におちいった。

天災は変わることなく続いた。洪水や大地震（文化九年・一八一二）、旱魃《かんばつ》は周期があるかのように襲ってきた。

幕末になっても、安政年間（一八五四―六〇）の三度の地震、コレラの流行（安政六年・一八五九）による死者の続出という試練にも直面した。

日本をとりまく国際情勢の変化と倒幕への諸勢力の結集という激変した国内情勢は、小松藩にとっても決して無縁ではなかった。脱藩して勤王派に加わる者もいた。藩をあげて倒幕軍に参加したのは、それなりの底流があったのである。

繰返すまでもなく、明治という時代の到来のために、小松藩は消滅した。

江戸時代をふりかえってみる場合に、現代と比べて時間に余裕があり、勤務や生活上のストレスが少なかったのは事実であろう。それゆえ、悠長な江戸時代を過大に美化する傾向もみられる。環境の破壊や有害物質の発生の面から、過去の時代を評価する風潮もある。しかし、身近な日常生活をはじめ通信、交通の手段など、江戸期の人々は想像以上に負担の多い暮らしであった。ただ、人間の心情は似通っていたことを示すために、不倫や情死の例を挙げた。泥酔のあげくの喧嘩《けんか》も現代にみられることである。

長期にわたって存続した小松藩ではあるが、世に語り継がれるような大事件はなく、派手に世間で噂されるようなお家騒動や異常なことはなかった。地味で目立たぬ藩であった。四国の片隅でひっそり続いたといえる。

江戸時代にとくに名を残す藩主もなく、家老をはじめ藩主から領民のすべてに至るまで、大きな変化もなく静かに代々過ごしてきた。時には法を犯す者達もいたが、どの時代でもあり得たことであろう。

天災や災害との闘いは、どの藩にもみられたことである。藩内の大事も、当時の社会全体からみれば、とくにとりたてて述べるほどのことではなかった。

藩全体として、途中で改易にならなかったのは幸せといえる。その下で働き、暮らす人々は、ささやかな幸せを求めて生き続けてきた。平凡な日常が大多数の人々の暮らしであり、真実であった。

廃藩置県から一〇年ほど経た頃、明治政府は全国各地に地方巡察使を派遣した。地方の情勢、旧士族の動向を探り、維新後の民情を調べるためであった。巡察使の参事院議官であった山尾《やまお》庸三《ようぞう》は、愛媛県について次のように報告している。

予讃ノ民働ハ怜悧ニシテ言辞巧ナリ。然《しか》レトモ軟弱ニシテ気節ニ乏シク、軽佻ニシテ浮薄ニ流ル故ニ、表面ヨリ一観スルトキハ温情優美ナリト雖《いえ》トモ、其実反覆表裏決シテ信任スヘカラズ（『明治十五年明治十六年地方巡察使復命書』）

つまり、伊予や讃岐《さぬき》の民衆は軽々しく、うわべは温厚のようにみえるが、裏はその反対で信用できないという。

このほかにも、「伊予地方は道路が最も険しくて、封建の余勢がいぜんとして存続し、旧藩の治下で各々が一小天地となっていたが、山間部や平地の村の人民は、旧来の弊害をうけているのは、実に浅くないことである」（『同前書』）と報告している。

伊予地方は、いまだに封建時代の遺風が深く残っているという。

明治政府の高官の見解はこのようなものであった。報告書を書いた山尾だけでなく、他の巡察使も各地の報告はほぼ同様であった。新しい支配者の一員として、傲慢《ごうまん》に民衆を見下した態度である。

小松藩のように、小藩ではあるが、その地で必死に生きてきた人々の心情はくみとられることなく、明治という時代がはじまった。

新しい政府を、人々は専制政府、藩閥政府と称《よ》んだ。

あとがき

資料を読むのが面白く、書くのは楽しい作業であった。

四国の小さい藩に、これほど多量の整然とした記録が残されているとは知らなかった。最初に知ったのは、幕末の異国船が来航した時の記録であった。

藩の公用の馬が、ただ一頭だけという記録である。いわば、地方自治体の公用車が一台しかないのと同様だったからである。

珍しい藩もあるものと興味をいだいたのが出発点であった。資料を多く知るにつれ、小松藩は、現在の小企業、零細企業と似かよっていると思われ、そこで働き、支配をうけている人々の実態に惹《ひ》かれていった。

様々な階層の領民の暮らしも筆者を熱中させた。とりわけ、領民の賭博《とばく》とそれにかかわった地方の目明《めあか》しは異色であった。探索のための健脚ぶりには驚かされた。夜道の長距離をじつに短時間で歩いて行き来している。

もとより原資料の会所日記は膨大なものである。本書では約二五篇の事柄を挙げたが、それだけではなく、内容も多岐にわたっている。他の専門の分野の方々からみれば、必ず興味を惹かれるであろうと思えるものも少なくなかった。しかし、小松藩について最も伝えたいと判断したもののみ選びだしてみた。
現代とは異なる時代であるが、藩の緊縮政策など今と重なる類似もみられる、と連想された読者も多いことであろう。特異な性格や行状の領民についても述べたが、むろん、大多数の人々は平凡で地味な暮らしを代々続けてきた。それだからこそ、現在の小松町をはじめ伊予地方の方々にこの地が受け継がれてきたのであろう。

小松藩の詳細を知ることができたのは、いうまでもなく、明治維新の激動期を経ながらも会所日記をはじめ諸資料を守り、保存されてきた方々のおかげである。貴重な文化遺産を子孫に伝えられた御苦労に、心から厚く御礼申し上げたい。

会所日記には、書いた当人達にはよくわかっていたのか、地名、人名、事柄について略称や通称が多い。はなはだしい場合には、人名で字が間違っている時や、江戸期特有の当て字を用いていることも少なくない。方言もそのまま記されている。
小松町を歩いてみると、寺社だけでなくかつての武家屋敷一帯を中心に、会所日記に記されている苗字《みょうじ》と同じ表札を見かける場合がある。おそらく、本家や分家、御親族とそれぞれの御先祖から伝えられた方々の御子孫であろう。歴史が今に受け継がれていることが実感できる。

しかし、本書に述べた小松藩の記録は、寛政の頃からみても二〇〇年余を経ている。明治維新からでさえ一四〇年余も経過した。その当時に小松領内に住んでいた人達の生き様《いきざま》は、消すことのできない歴史的な事実である。

どのように会所日記に述べられているにせよ、筆者は決して現在の方々の御先祖であったかもしれない方達を、悪意をもって述べようとしたのでは絶対にない。

二世紀かそれ以上も前に、活発で健気《けなげ》に生き、働いてきた人々の事実を紹介しようと意図したのみで、他意のないことをあらためて表明しておきたい。

江戸時代が遠い昔と感じる要因の一つは、この時代に書かれたものが、現在では充分に読みこなせないからであろう。本書をまとめることができたのは、古文書を解読され、現在もなお解読を続けておられる北村六合光《くにてる》氏の御尽力による。

歴史に深い関心をいだかれ、会所日記の保存や『小松町誌』の出版に尽力された町長の塩出《しおで》晧治《こうじ》氏（肩書当時）及び教育長の野村東生《はるき》氏（肩書当時）、本書の誕生に直接あるいは間接に御協力いただいた町立温芳《おんぽう》図書館の友澤明《ともざわあきら》氏の御好意に、誌上を借りて厚く御礼申し上げたい。

また、武田三郎氏をはじめ、小松町の歴史を研究され、編纂《へんさん》された『小松町誌』編集委員会の多くの先達の方々の御努力に、あらためて敬意を表したい。

最後に、筆者の興味と関心を受けとめていただいた集英社新書の編集部の方々に厚く御礼を申し上げたい。

文庫版に際して

本書は二〇〇一年七月二二日に集英社新書として初版第一刷が発行された。その後一〇年ほどを経た。

二〇一五年になって、KADOKAWAの文芸・ノンフィクション局の編集者竹内祐子氏の目にとまり、新たに出版されることになった。筆者としては望外の朗報でまことに嬉《うれ》しい提案であった。

集英社新書は小さい藩の記録が珍しかったからか版を重ねた。全国で評判が良く、むろん小松町では町が始って以来の驚異的な売れ行きであった。東京や大阪などに移り住んだ親類や知人に配るからと、一人で十冊以上購入された方々が二桁《けた》にのぼったと聞かされた。

全国各地の読者から御手紙をいただいた。多くは今も小松町（現西条市小松町）にお住いの方々で、本書に記した武士や農民の御子孫の方々であった。例えば、奉行石黒甚右衛門の御曾孫《そうそん》で東京都三鷹《みたか》市在住の武田まり子様からは、その後の石黒家につき長文の御手紙をいただいた。歴史は生きていると実感した。

今回、新たに出版するにあたって、前回は紙数の都合で割愛しなければならなかった数篇を新しく加え、全体を再点検した。小さな藩の実態をより具体的に示すことができたと思っている。

増川宏一

二〇一六年八月

本書は二〇〇一年七月、集英社から刊行された『伊予小松藩会所日記』を改題し、加筆・修正して文庫化したものです。

地図作成　村松明夫

小《ちい》さな藩《はん》の奇跡《きせき》
伊予《いよ》小松藩会所日記《こまつはんかいしょにっき》を読《よ》む

増川宏一《ますかわこういち》　北村六合光《きたむらくにてる》＝原典解読

平成28年 9月25日　初版発行
令和6年 10月10日　6版発行

発行者●山下直久

発行●株式会社KADOKAWA
〒102-8177　東京都千代田区富士見2-13-3
電話　0570-002-301(ナビダイヤル)

角川文庫 19987

印刷所●株式会社KADOKAWA
製本所●株式会社KADOKAWA

表紙画●和田三造

◎本書の無断複製（コピー、スキャン、デジタル化等）並びに無断複製物の譲渡および配信は、著作権法上での例外を除き禁じられています。また、本書を代行業者等の第三者に依頼して複製する行為は、たとえ個人や家庭内での利用であっても一切認められておりません。
◎定価はカバーに表示してあります。

●お問い合わせ
https://www.kadokawa.co.jp/（「お問い合わせ」へお進みください）
※内容によっては、お答えできない場合があります。
※サポートは日本国内のみとさせていただきます。
※Japanese text only

©Kouichi Masukawa 2001, 2016　Printed in Japan
ISBN978-4-04-400142-1　C0121

角川文庫発刊に際して

角　川　源　義

第二次世界大戦の敗北は、軍事力の敗北であった以上に、私たちの若い文化力の敗退であった。私たちの文化が戦争に対して如何に無力であり、単なるあだ花に過ぎなかったかを、私たちは身を以て体験し痛感した。西洋近代文化の摂取にとって、明治以後八十年の歳月は決して短かすぎたとは言えない。にもかかわらず、近代文化の伝統を確立し、自由な批判と柔軟な良識に富む文化層として自らを形成することに私たちは失敗して来た。そしてこれは、各層への文化の普及滲透を任務とする出版人の責任でもあった。

一九四五年以来、私たちは再び振出しに戻り、第一歩から踏み出すことを余儀なくされた。これは大きな不幸ではあるが、反面、これまでの混沌・未熟・歪曲の中にあった我が国の文化に秩序と確たる基礎を齎らすためには絶好の機会でもある。角川書店は、このような祖国の文化的危機にあたり、微力をも顧みず再建の礎石たるべき抱負と決意とをもって出発したが、ここに創立以来の念願を果すべく角川文庫を発刊する。これまで刊行されたあらゆる全集叢書文庫類の長所と短所とを検討し、古今東西の不朽の典籍を、良心的編集のもとに、廉価に、そして書架にふさわしい美本として、多くのひとびとに提供しようとする。しかし私たちは徒らに百科全書的な知識のジレッタントを作ることを目的とせず、あくまで祖国の文化に秩序と再建への道を示し、この文庫を角川書店の栄ある事業として、今後永久に継続発展せしめ、学芸と教養との殿堂として大成せんことを期したい。多くの読書子の愛情ある忠言と支持とによって、この希望と抱負とを完遂せしめられんことを願う。

一九四九年五月三日

角川ソフィア文庫ベストセラー

新編　日本の面影

ラフカディオ・ハーン
訳／池田雅之

日本の人びとと風物を印象的に描いたハーンの代表作『知られぬ日本の面影』を新編集。「神々の国の首都」「日本人の微笑」ほか、アニミスティックな文学世界や世界観、日本への想いを伝える一一編を新訳収録。

新編　日本の面影　II

ラフカディオ・ハーン
訳／池田雅之

代表作『知られぬ日本の面影』を新編集する、詩情豊かな新訳第二弾。「鎌倉・江ノ島詣で」「八重垣神社」「美保関にて」「二つの珍しい祭日」ほか、ハーンの描く、失われゆく美しい日本の姿を感じる一〇編。

新編　日本の怪談

ラフカディオ・ハーン
訳／池田雅之

「幽霊滝の伝説」「ちんちん小袴」「耳無し芳一」ほか、馴染み深い日本の怪談四二編を叙情あふれる新訳で紹介。小学校高学年程度から楽しめ、朗読や読み聞かせにも最適。ハーンの再話文学を探求する決定版！

日本の民俗　祭りと芸能

芳賀日出男

写真家として、日本のみならず世界の祭りや民俗芸能の取材を続ける第一人者、芳賀日出男。昭和から平成へと変貌する日本の姿を民俗学的視点で捉えた、貴重な写真と伝承の数々。記念碑的大作を初文庫化！

日本の民俗　暮らしと生業

芳賀日出男

日本という国と文化をかたち作ってきた、様々な生業と暮らしの人生儀礼。折口信夫に学び、宮本常一と旅した眼と耳で、全国を巡り失われゆく伝統を捉えた、民俗写真家・芳賀日出男のフィールドワークの結晶。

角川ソフィア文庫ベストセラー

新版 遠野物語
付・遠野物語拾遺
柳田国男

雪女や河童の話、正月行事や狼たちの生態——。遠野郷（岩手県）には、怪異や伝説、古くからの習俗が、なぜかたくさん眠っていた。日本の原風景を描く日本民俗学の金字塔。年譜・索引・地図付き。

雪国の春
柳田国男が歩いた東北
柳田国男

名作『遠野物語』を刊行した一〇年後、柳田は二ヶ月をかけて東北を訪ね歩いた。その旅行記「豆手帖から」をはじめ、「雪国の春」「東北文学の研究」など、日本民俗学の視点から東北を深く考察した文化論。

新訂 妖怪談義
柳田国男
校注／小松和彦

柳田国男が、日本の各地を渡り歩き見聞した怪異伝承を集め、編纂した妖怪入門書。現代の妖怪研究の第一人者が最新の研究成果を活かし、引用文の原典に当たり、詳細な注と解説を入れた決定版。

一目小僧その他
柳田国男

日本全国に広く伝承されている「一目小僧」「橋姫」「物言ふ魚」「ダイダラ坊」などの伝説を蒐集・整理し、丹念に分析。それぞれの由来と歴史、人々の信仰を辿り、日本人の精神構造を読み解く論考集。

山の人生
柳田国男

山で暮らす人々に起こった悲劇や不条理、山の神の嫁入りや神隠しなどの怪奇談、「天狗」や「山男」にまつわる人々の宗教生活などを、実地をもって精細に例証し、透徹した視点で綴る柳田民俗学の代表作。

角川ソフィア文庫ベストセラー

海上の道
柳田国男

日本民族の祖先たちは、どのような経路を辿ってこの列島に移り住んだのか。表題作のほか、海や琉球にまつわる論考8篇を収載。大胆ともいえる仮説を展開する、柳田国男最晩年の名著。

日本の昔話
柳田国男

「藁しび長者」「狐の恩返し」など日本各地に伝わる昔話106篇を美しい日本語で綴った名著。「むかしむかしあるところに——」からはじまる誰もが聞きなれた昔話の世界に日本人の心の原風景が見えてくる。

日本の伝説
柳田国男

伝説はどのようにして日本に芽生え、育ってきたのか。「咳のおば様」「片目の魚」「山の背くらべ」「伝説と児童」ほか、柳田の貴重な伝説研究の成果をまとめた入門書。名著『日本の昔話』の姉妹編。

日本の祭
柳田国男

古来伝承されてきた神事である祭りの歴史を「祭から祭礼へ」「物忌みと精進」「参詣と参拝」等に分類し解説。近代日本が置き去りにしてきた日本の伝統的な信仰生活を、民俗学の立場から次代を担う若者に説く。

毎日の言葉
柳田国男

普段遣いの言葉の成り立ちや変遷を、豊富な知識と多くの方言を引き合いに出しながら語る。なんにでも「お」を付けたり、二言目にはスミマセンという風潮などへの考察は今でも興味深く役立つ。

角川ソフィア文庫ベストセラー

先祖の話
柳田国男

人は死ねば子孫の供養や祀りをうけて祖霊へと昇華し、山々から家の繁栄を見守り、盆や正月にのみ交流する――膨大な民俗伝承の研究をもとに、古くから日本人に通底している霊魂観や死生観を見いだす。

海南小記
柳田国男

大正9年、柳田は九州から沖縄諸島を巡り歩く。日本民俗学における沖縄の重要性、日本文化論における南島研究の意義をはじめて明らかにし、最晩年の名著『海上の道』へと続く思索の端緒となった紀行文。

火の昔
柳田国男

かつて人々は火をどのように使い暮らしてきたのか。火にまつわる道具や風習を集め、日本人の生活史をたどる。暮らしから明かりが消えていく戦時下、火の文化の背景にある先人の苦心と知恵を見直した意欲作。

妹の力
柳田国男

かつて女性は神秘の力を持つとされ、祭祀を取り仕切っていた。預言者となった妻、鬼になった妹――女性たちに託されていたものとは何か。全国の民間伝承や神話を検証し、その役割と日本人固有の心理を探る。

桃太郎の誕生
柳田国男

「おじいさんは山へ木をきりに、おばあさんは川に洗濯へ――」。誰もが一度は聞いた桃太郎の話。そこには神話時代の謎が秘められていた。昔話の構造や分布などを科学的に分析し、日本民族固有の信仰を見出す。

角川ソフィア文庫ベストセラー

昔話と文学
柳田国男

「竹取翁」「花咲爺」「かちかち山」などの有名な昔話（口承文芸）を取り上げ、『今昔物語集』をはじめとする説話文学との相違から、その特徴を考察。丹念な比較で昔話の宗教的起源や文学性を明らかにする。

小さき者の声
柳田国男傑作選

柳田国男

表題作のほか「こども風土記」「母の手毬歌」「野草雑記」「野鳥雑記」「木綿以前の事」の全6作品を一冊に収録！　柳田が終生持ち続けた幼少期の直感やみずみずしい感性、対象への鋭敏な観察眼が伝わる傑作選。

柳田国男　山人論集成

柳田国男
編／大塚英志

独自の習俗や信仰を持っていた「山人」。柳田は彼らに強い関心を持ち、膨大な数の論考を記した。その著作や論文を再構成し、時とともに変容していった柳田の山人論の生成・展開・消滅を大塚英志が探る。

神隠し・隠れ里
柳田国男傑作選

柳田国男
編／大塚英志

自らを神隠しに遭いやすい気質としたロマン主義者であった柳田は、他方では、普通選挙の実現を目指すなど社会変革者でもあった。30もの論考から、その双極性を見通す。唯一無二のアンソロジー。

遠野物語 remix
付・遠野物語

京極夏彦
柳田國男

雪女、座敷童衆、オシラサマ――遠野の郷の説話を収めた『遠野物語』。柳田國男のこの名著を京極夏彦が〝リミックス〟。深く読み解き、新たに結ぶ。柳田の原著も併載、読み比べなど、楽しみが広がる決定版！

角川ソフィア文庫ベストセラー

ビギナーズ・クラシックス　日本の古典
源氏物語
紫式部
編／角川書店

日本古典文学の最高傑作である世界第一級の恋愛大長編『源氏物語』全五四巻が、古文初心者でもまるごとわかる！　巻毎のあらすじと、名場面はふりがな付きの原文と現代語訳両方で楽しめるダイジェスト版。

ビギナーズ・クラシックス　日本の古典
今昔物語集
編／角川書店

インド・中国から日本各地に至る、広大な世界のあらゆる階層の人々のバラエティーに富んだ日本最大の説話集。特に著名な話を選りすぐり、現実的で躍動感あふれる古文が現代語訳とともに楽しめる！

ビギナーズ・クラシックス　日本の古典
平家物語
編／角川書店

一二世紀末、貴族社会から武家社会へと歴史が大転換する中で、運命に翻弄される平家一門の盛衰を、叙事詩的に描いた一大戦記。源平争乱における事件や時間の流れが簡潔に把握できるダイジェスト版。

ビギナーズ・クラシックス　日本の古典
徒然草
吉田兼好
編／角川書店

日本の中世を代表する知の巨人・吉田兼好。その無常観とたゆみない求道精神に貫かれた名随筆集から、兼好の人となりや当時の人々のエピソードが味わえる代表的な章段を選び抜いた最良の徒然草入門。

ビギナーズ・クラシックス　日本の古典
おくのほそ道（全）
松尾芭蕉
編／角川書店

俳聖芭蕉の最も著名な紀行文、奥羽・北陸の旅日記を全文掲載。ふりがな付きの現代語訳と原文で朗読にも最適。コラムや地図・写真も豊富で携帯にも便利。風雅の誠を求める旅と昇華された俳句の世界への招待。

角川ソフィア文庫ベストセラー

古今和歌集
ビギナーズ・クラシックス　日本の古典

編／中島輝賢

春夏秋冬や恋など、自然や人事を詠んだ歌を中心に編まれた、第一番目の勅撰和歌集。総歌数約一一〇〇首から七〇首を厳選。春といえば桜といった、日本的美意識に多大な影響を与えた平安時代の名歌集を味わう。

伊勢物語
ビギナーズ・クラシックス　日本の古典

編／坂口由美子

雅な和歌とともに語られる「昔男」（在原業平）の一代記。垣間見から始まった初恋、天皇の女御となる女性との恋、白髪の老女との契り——。全一二五段から代表的な短編を選び、注釈やコラムも楽しめる。

土佐日記（全）
ビギナーズ・クラシックス　日本の古典

紀　貫之
編／西山秀人

平安時代の大歌人紀貫之が、任国土佐から京へと戻る旅を、侍女になりすまし仮名文字で綴った紀行文学の名作。天候不順や海賊、亡くした娘への想いなどが、船旅の一行の姿とともに生き生きとよみがえる！

うつほ物語
ビギナーズ・クラシックス　日本の古典

編／室城秀之

異国の不思議な体験や琴の伝授にかかわる奇瑞などの浪漫的要素と、源氏・藤原氏両家の皇位継承をめぐる対立を絡めながら語られる。スケールが大きく全体像が見えにくかった物語を、初めてわかりやすく説く。

和泉式部日記
ビギナーズ・クラシックス　日本の古典

和泉式部
編／川村裕子

為尊親王の死後、弟の敦道親王から和泉式部へ手紙が届き、新たな恋が始まった。恋多き女、和泉式部が秀逸な歌とともに綴った王朝女流日記の傑作。平安時代の愛の苦悩を通して古典を楽しむ恰好の入門書。

角川ソフィア文庫ベストセラー

更級日記
ビギナーズ・クラシックス 日本の古典

菅原孝標女
編／川村裕子

平安時代の女性の日記。東国育ちの作者が京へ上り憧れの物語を読みふけった少女時代。結婚、夫との死別、その後の寂しい生活。ついに思いこがれた生活を手にすることのなかった一生をダイジェストで読む。

大鏡
ビギナーズ・クラシックス 日本の古典

編／武田友宏

老爺二人が若侍相手に語る、道長の栄華に至るまでの藤原氏一七六年間の歴史物語。華やかな王朝の裏の権力闘争の実態や、都人たちの興味津津の話題が満載。『枕草子』『源氏物語』への理解も深まる最適な入門書。

新古今和歌集
ビギナーズ・クラシックス 日本の古典

編／小林大輔

伝統的な歌の詞を用いて、『万葉集』『古今集』とは異なった新しい内容を表現することを目指した、画期的な第八番目の勅撰和歌集。歌人たちにより緻密に構成された約二〇〇〇首の全歌から、名歌八〇首を厳選。

方丈記（全）
ビギナーズ・クラシックス 日本の古典

鴨長明
編／武田友宏

平安末期、大火・飢饉・大地震、源平争乱や一族の権力争いを体験した鴨長明が、この世の無常と身の処し方を綴る。人生を前向きに生きるヒントがつまった名随筆を、コラムや図版とともに全文掲載。

南総里見八犬伝
ビギナーズ・クラシックス 日本の古典

曲亭馬琴
編／石川博

不思議な玉と痣を持って生まれた八人の男たちは、やがて同じ境遇の義兄弟の存在を知る。完結までに二八年、九八巻一〇六冊の大長編伝奇小説を、二九のクライマックスとあらすじで再現した『八犬伝』入門。

角川ソフィア文庫ベストセラー

紫式部日記
ビギナーズ・クラシックス 日本の古典

紫式部
編／山本淳子

平安時代の宮廷生活を活写する回想録。同僚女房や清少納言への冷静な評価などから、当時の後宮が手に取るように読み取れる。現代語訳、幅広い寸評やコラムで、『源氏物語』成立背景もよくわかる最良の入門書。

御堂関白記 藤原道長の日記
ビギナーズ・クラシックス 日本の古典

藤原道長
編／繁田信一

王朝時代を代表する政治家であり、光源氏のモデルとされる藤原道長の日記。わかりやすい解説を添えた現代語訳で、道長が感じ記した王朝の日々が鮮やかによみがえる。王朝時代を知るための必携の基本図書。

とりかへばや物語
ビギナーズ・クラシックス 日本の古典

編／鈴木裕子

女性的な息子と男性的な娘をもつ父親が、二人の性を取り替え、娘を女性と結婚させ、息子を女官として女性の東宮に仕えさせた。二人は周到に生活していたが、やがて破綻していく。平安最末期の奇想天外な物語。

梁塵秘抄
ビギナーズ・クラシックス 日本の古典

後白河院
編／植木朝子

平清盛や源頼朝を翻弄する一方、大の歌謡好きだった後白河院が、その面白さを後世に伝えるために編集した歌謡集。代表的な作品を選び、現代語訳して解説を付記。中世の人々を魅了した歌謡を味わう入門書。

西行 魂の旅路
ビギナーズ・クラシックス 日本の古典

編／西澤美仁

平安末期、武士の道と家族を捨て、ただひたすら和歌の道を究めるため出家の道を選んだ西行。その心の軌跡を、伝承歌も含めた和歌の数々から丁寧に読み解く。桜を愛し各地に足跡を残した大歌人の生涯に迫る！

角川ソフィア文庫ベストセラー

堤中納言物語
ビギナーズ・クラシックス　日本の古典
編／坂口由美子

気味の悪い虫を好む姫君を描く「虫めづる姫君」をはじめ、今ではほとんど残っていない平安末期から鎌倉時代の一〇編を収録した短編集。滑稽な話やしみじみした話を織り交ぜながら人生の一こまを鮮やかに描く。

太平記
ビギナーズ・クラシックス　日本の古典
編／武田友宏

後醍醐天皇即位から室町幕府細川頼之管領就任まで、史上かつてない約五〇年の抗争を描く軍記物語。強烈な個性の新田・足利・楠木らの壮絶な人間ドラマが錯綜する南北朝の歴史をダイジェストでイッキ読み！

謡曲・狂言
ビギナーズ・クラシックス　日本の古典
編／網本尚子

変化に富む面白い代表作「高砂」「隅田川」「井筒」「敦盛」「鵺」「末広かり」「千切木」「蟹山伏」を取り上げ、現代語訳で紹介。中世が生んだ伝統芸能を文学として味わい、演劇としての特徴をわかりやすく解説。

近松門左衛門『曾根崎心中』『けいせい反魂香』『国性爺合戦』ほか
ビギナーズ・クラシックス　日本の古典
編／井上勝志

近松が生涯に残した浄瑠璃・歌舞伎約一五〇作から、「出世景清」「曾根崎心中」「国性爺合戦」など五本の名場面を掲載。芝居としての成功を目指し、演じることを前提に作られた傑作をあらすじ付きで味わう！

良寛　旅と人生
ビギナーズ・クラシックス　日本の古典
編／松本市壽

江戸時代末期、貧しくとも心豊かに生きたユニークな禅僧良寛。越後の出雲崎での出生から、島崎にて七四歳で病没するまでの生涯をたどり、残された和歌、漢詩、俳句、書から特に親しまれてきた作品を掲載。